儒家文化的困境

近代士大夫与中西文化的碰撞

萧功秦 / 著

山西出版传媒集团　山西人民出版社

图书在版编目（CIP）数据

儒家文化的困境：近代士大夫与中西文化的碰撞／萧功秦著. —太原：山西人民出版社，2022.5（2024.12重印）
ISBN 978-7-203-12146-6

Ⅰ.①儒… Ⅱ.①萧… Ⅲ.①知识分子－关系－比较文化－研究－近代 Ⅳ.①D691.71②K103

中国版本图书馆CIP数据核字（2022）第010585号

儒家文化的困境：近代士大夫与中西文化的碰撞

著　　者：	萧功秦
责任编辑：	李　鑫
复　　审：	贾　娟
终　　审：	贺　权
装帧设计：	阎宏睿
出 版 者：	山西出版传媒集团·山西人民出版社
地　　址：	太原市建设南路21号
邮　　编：	030012
发行营销：	0351-4922220　4955996　4956039　4922127（传真）
天猫官网：	https://sxrmcbs.tmall.com　电话：0351-4922159
E - mail：	sxskcb@163.com　发行部 sxskcb@126.com　总编室
网　　址：	www.sxskcb.com
经 销 者：	山西出版传媒集团·山西人民出版社
承 印 厂：	山西出版传媒集团·山西人民印刷有限责任公司
开　　本：	890mm×1240mm　1/32
印　　张：	7.75
字　　数：	200千字
版　　次：	2022年5月　第1版
印　　次：	2024年12月　第3次印刷
书　　号：	ISBN 978-7-203-12146-6
定　　价：	68.00元

如有印装质量问题请与本社联系调换

序　言

19世纪中叶以后，儒家文化有史以来第一次面临另一种更强有力的外部文化咄咄逼人的挑战，此后半个世纪，中国就一步步地陷入到了近代民族危机之中，这种危机是如此的深刻而紧迫，数代人为此付出的代价是如此的惨重。这些早已经是人们从近代历史中熟知的内容。

但从两种文化碰撞与冲突的角度来看，人们自然会思考这样一个问题：作为传统儒家文化的主要体现者，中国近代的正统士大夫是怎样认识、理解和对待西方资本主义文明的？他们为什么不能成功地应付来自西方文化的挑战？他们应付过程的种种失败，对民族危机的形成和发展，究竟产生了什么样的影响？

在披阅近代史料的时候，人们往往会不时地发现一些离奇而又发人深思的现象。例如，为什么像王闿运这样的近代大学者，在甲午战争失败的冷酷现实面前，竟会发出铁甲船和洋炮是"至拙至愚之器"的迂腐言论？为什么同治时代、光绪时代的大多数士大夫，对于鸦片流毒可以熟视无睹，听之任之，一闻修造铁路，便会愤愤然群起攻之，以致一些造好的铁路不得不加以拆毁，成为英国妇孺饭后茶余的笑料？为什么士大夫官绅们，可以对关税、领事裁判权拱手让人而不以为耻，反而对洋人公使觐见同治皇帝时应否行三跪九叩之礼争论不休？为什么保守的清议派迂腐虚骄的大言高论，在光绪时代竟会甚嚣尘上，被朝野人士交口称赞，而像郭嵩焘、曾纪泽这些以清醒目光看待国际现实的、不辱国命的外交家，反而被社会舆论指斥为"汉奸大佞"，成为最孤独的、最受压抑的人？为什么他们对执迷不悟的士大夫的谴责，在茫茫人海中，只不过是黑暗中微弱的呐喊，并一个个郁郁而终？为什么那些最顽强地恪守儒家正统原则的"翼教"者们，一个个都成了近代史上的保守派，而任何一种面对现实的、变通的、清醒的判断，却又不得不面临悖离正统儒学原则的风险，甚至导致变通者本人内心的沉重心理压力？为什么连那位洋枪队队长戈登，也竟会说出这样一句令人深省的话："中国人是一个奇怪的民族，他们对一切改革都很冷漠。"①

中国近代正统士大夫，几乎占了士大夫的大多数。他们中的不少人面对西方的侵凌，并不乏保国保种的社会使命感，也似乎并不乏对西方侵略者的愤慨和仇视，然而，他们的应战措施，在鸦片战争以后的大半个世纪里，为什么总是不能得到有效的结果，为什么总是一连串失败的历史纪录？

大清帝国的命运和权力，是由皇帝、太后与官绅士大夫阶级共同主宰的。这些统治阶级的代表人物，本身又在特定的历史条件下受到传统文化的熏陶。于是，我们自然地，也必须把观察的着眼点，放在近代儒家文化在应付外部文化冲击时所表现的反应态度以及适应能力上。

---

① 〔英〕戈登：《1863年12月12日给母亲的信》，《中国近代对外关系史资料选辑》，上海人民出版社1977年版，第225页。

概括地说，本书的主题是，近代儒家文化缺乏一种在西方挑战面前进行自我更新的内部机制，难以实现从传统观念向近代观念的历史转变，从而只能继续以传统的自我中心的文化心理和陈旧的认识思维框架，来被动地处理种种事态和危局。换言之，在19世纪后半期这样一个国际时代，人们仍然习惯于用传统的排斥旁门左道的方式，来实现民族自卫的目标。由于观念与现实的严重悖离，从而使近代儒家文化陷入自身难以摆脱的困境。

本书从近代中国正统士大夫的文化心理、认识心理与社会心理三个层次上展开分析；将考察中国正统士大夫对异质文化的排斥态度是在什么历史地理环境中形成并强化起来的。这种态度又如何延续到了近代，在应付西方文化挑战的方式上产生了哪些严重的消极影响。

本书还将分析，近代正统士大夫在理性层次上，通过什么样的认识思维机制，把对西方文化的深拒固斥，逻辑地论证为合理的。

此外，在西方侵略和民族危机深化的刺激下，正统士大夫的文化心理与认识心理的交互作用又如何激发起一股虚骄的国粹主义的排外思潮。这种强有力的排外思潮，不但使中国的近代化和民族自卫过程遭到严重的挫折，同时也构成了近代维新运动失败的社会思潮背景。

由于本书研究的课题具有文化史与社会思潮史的边缘性质，笔者将借助于认识心理学、社会心理学的某些概念工具和方法。在某种意义上，本书正是运用一些边缘学科的方法来理解复杂的历史文化现象的一个粗浅尝试。

"人不能两次走进同一条河流。"古希腊哲人赫拉克利特的这句名言，无疑包含着这样一个真理：一切皆在变化，逝去的东西不会重新出现。然而，我们却常常发现，当人们采用与历史上相类似的方法来应付与历史上相类似的事变的时候，逝去的历史又往往会以类似的方式重演。正是在这个意义上，人们又往往会不自觉地两次走进同一条河流。

也许正是由于这个原因，对历史的反思，永远是那些走向未来的人们富于激情的、无法抑制的思维追求。当人们承负着自己的社会使命来重新观察历史的时候，正如一位青年朋友所说的那样——历史学则变成了一门万古常新的学问。

目　录

第一章　近代中西文化冲突的历史背景　/ 001

　　华夏文化圈与外部世界　/ 001

　　中央集权与华夷秩序　/ 009

　　拒绝向天子跪拜的蛮夷　/ 022

　　一个深深沉睡的古老民族　/ 031

第二章　正统士大夫是怎样认知西方事物的　/ 039

　　研究士大夫群体认识心理的意义　/ 039

　　认识心理中的两种机制　/ 042

　　中国传统概念思维的三个特点　/ 045

　　强制性附会：认知西方事物的途径　/ 049

　　评价西学的价值尺度：来自圣学的投影　/ 056

　　观念与现实的悖离　/ 060

第三章　一位清朝公使眼中的西洋文明　/ 071

身处异域的国粹派　/ 071
为什么中国士大夫不必讲求西学　/ 077
豪商大贾居宅中的书香世家子弟　/ 082
传统文化心理与思维方式之间的相互强化关系　/ 092

第四章　洋务派的危机意识　/ 097

从忧惧感到危机感　/ 097
危机意识与避害反应　/ 101
洋务派与明治维新派：对西方挑战的不同态度　/ 110
两难的抉择　/ 119

第五章　对洋务思潮的反动：愤怒的清议派的崛起　/ 125

保守的清议派对洋务窳败现象的反省　/ 128
应付心理困境的新途径：文饰作用与曲解作用　/ 139
正统派士大夫的迁怒心理及其表现　/ 147
消极心理防御战术的畸变趋势　/ 152
清议派与天津教案：不祥的先兆　/ 155

第六章　国粹主义的最后一战
　　——幻觉中的胜利与现实的悲剧　/ 167

在苦难与屈辱中激发的幻想　/ 168
"天神下凡"鼓舞着愤怒的勇士们　/ 174
国粹派士大夫"颇冀神怪"的社会心理　/ 177
在权力之塔的顶端：满朝心醉的人们　/ 182
庚子国变：千古未有的奇闻　/ 187
一个古老文化的近代悲剧　/ 193

结束语　/ 197
跋　/ 202
附录一　追求思想者的坦荡之乐　/ 203
附录二　中国人如何焕发文化自信　/ 210
后记　/ 227

第一章
近代中西文化冲突的历史背景

> 天处乎上,地处乎下,居天地之中者曰中国,居天地之偏者曰四夷。四夷外也,中国内也。天地为之乎内外,所以限也。
>
> 〔宋〕石介:《中国论》

古代中国人是怎样看待传统中国文化圈以外的世界的?他们对外部世界所具有的文化心理,是在什么地理环境中形成,并在两千多年的时间里受到哪些社会政治因素的影响而进一步强化?这些问题对于认识近代中国士大夫对西方挑战的消极态度和反应,无疑有着重要的意义。让我们就从考察这些问题开始。

华夏文化圈与外部世界

当我们回顾古老的中国文明发展历史的时候,有若干地理因素特别值得注意。首先,我们祖先创造的华夏文化,是在远离希腊、罗马、埃及与巴比伦等古代文明的黄河流域发展起来的。华夏先民活动的范围,又处于相对独立、相对隔绝的地理环境中,难以与世界其他地区的早期先进文明进行双向的文化信息交流和相互影响。其次,黄河平原与黄土高原的气候与土壤等生态条件,特别适宜于单一的农耕经济的发展。这种经济生活的自给自足性，使安土重迁的华夏民族往往不像古老的商业航海民族与游牧民族那样，把走向遥远的外部世界视为谋生的必由之路。

打开世界地图，人们可以看到，在黄河中下游的华夏人居住区以北，是浩瀚的戈壁沙漠、干旱草原和人类难以生存的西伯利亚森林与寒原。在这个文化圈的东部，一望无际的东海是比沙漠更严峻无情的天然屏障。当华夏族后来发展到长江流域和珠江流域以后，迤南丛林的烟瘴之地，金沙江、怒江和横断山脉的险峻地势，以及作为世界屋脊的青藏高原，横亘在古代中国文明与印度文明之间。数千年来，这两个古老文明之间难以进行频繁接触和交流。梁启超曾生动地设想，假如没有喜马拉雅山把南北两地隔开，中国和印度的历史将会完全重写。

难道不正是如此吗？千百年来，那些身躯高大的金头发的雅利安人、那些追随亚历山大东征而来的希腊人，以及此后的突厥人、阿拉伯人、波斯人，乃至非洲东部的埃塞俄比亚人，只需跨入位于现在印度西北部的旁遮普邦的那些著名的山口，就可以浩浩荡荡奔赴印度文明的中心地带——恒河平原，并给印度的历史、种族、语言、宗教和习俗打上自己特有的烙印[①]。其结果，也使印度文明不断从异源文化中承受新的文化信息。而那些先后进入印度本部的征服者和旅行者们，只能面对着喜马拉雅山的终年积雪望洋兴叹，他们决不可能越过世界屋脊进入古老中国的神秘世界。

当然，华夏文化圈也不完全是一个封闭的世界。狭长的河西走廊连接着一条漫长而充满险阻的丝绸之路，从而使古代中国与

[①] [印]辛哈、班纳吉：《印度通史》，商务印书馆1964年版，第8—9页。

中亚文明之间保持着断断续续的联系。现代的中国人伫立在玉门关的废墟旁，固然可以抒发一番怀古的幽情：西汉的张骞、李广利，唐代的玄奘，14世纪威尼斯的马可·波罗，都曾在这不显眼的古道上留下过他们的足迹。这些中外闻名的旅行家的名字，几乎要间隔数百年才出现一次。他们的旅行故事又是如此的惊心动魄。这本身就足以表明，古代中国与外部世界交往的机会受到地理环境何等严重的限制。千百年来，玉门关与阳关的漫长古道上，死一般的沉寂只是偶尔被商队的单调驼铃声打破。如今的考古学者和勘探者们，还可以在那沙漠荒丘中发现古代遇难商人和骆驼的骸骨。这一切表明，古人为沟通中国与外部世界之间的文化交流，曾付出过何等艰巨的代价。

这里，让我们把环绕地中海沿岸的诸多古代文明与华夏文明的地理环境作一点比较，是颇能说明问题的。

地中海北岸的希腊、罗马文化，南岸的尼罗河文化，以及离地中海东岸不远的巴比伦文化，这几个古老文明都可以通过海路交通而密切地联系在一起。雅典的戏剧大师阿里斯多芬，曾用"我们是一群环围着池塘的青蛙"这句话来形容爱琴海四周的诸城邦在文化上的相互呼应。[①]这一生动的比喻却使人们联想起：古希腊、古罗马、古埃及与古巴比伦，又恰似围绕在地中海这个更大的池塘四周的蛙群，它们发出此起彼伏的鸣叫声，组成了一种奇特的文化交响。这些异源文明之间的信息交流是十分密切的。例如，古希腊最早的哲学家泰利斯、毕达哥拉斯都曾光顾过埃及，

[①] D.B.Nagle: *The Ancient World: A Social and Cultural History*, 1979, P63.

并对金字塔和埃及的异国风情作过记录。①古希腊历史学家希罗多德对巴比伦帝国的政治与文化了解得如此具体而详尽,以至于他竟能在自己的著作中列举出巴比伦各省每年向中央王朝交纳的税收总额。②

上述环地中海的诸古老文明之间的密切交往、彼此影响和渗透,往往达到"你中有我,我中有你"的地步。例如,人们发现,除了华夏文明采用了自己独特的象形方块文字外,古希腊、古罗马、古埃及和古印度后来都不约而同地走上了文字拼音化的道路。历史学家还发现,上述诸地中海文明之间的交互影响和彼此渗透过程,业已扩展到欧洲、北非与西亚大部分地区之后,才逐渐区分为两大文明体系——西方的基督教文明与东方的伊斯兰文明。即便如此,古希腊的科学文化成果,在中世纪的黑暗时代,竟然是由阿拉伯人从西班牙获得后小心地带回并保存了下来,直到文艺复兴前不久,阿拉伯人才又把这笔丰厚的文化遗产"还赠"给欧洲人。③希腊古典文化遗产这一奇特的旅程足以表明以地中海为中介的欧洲文化与伊斯兰文化之间的密切关系,连中世纪的漫漫长夜也无法切断。

上述的文化比较,可以给人们这样一个启示,即华夏文化,是在没有广泛吸收其他古代异质文化信息和文化营养的特殊历史条件下,以独创的方式萌发并成熟起来的。虽然,东汉以后,由于佛教的传入,中外文化交流出现了一些新的机会,但那时中国

---

① [法]保·佩迪斯:《古希腊人的地理学》,商务印书馆1984年版,第26页。
② [法]保·佩迪斯:《古希腊人的地理学》,商务印书馆1984年版,第24页。
③ DeLacy O´Leary: *Arabic Thought and Its Place in History*, London, 1958, P295.

传统文化的基本格调和内部规范早已基本定型和成熟了。

农耕自然经济的自给自足性，地理环境的相对封闭性和内向性，以及其他各种因素的配合，导致传统中国文化形态具有早熟性的特点，这种文化早熟性，对传统文化本身的发展趋势、华夏民族的文化心理以及以后的士大夫阶级的价值观念体系与思维方法等等，无疑具有深刻的影响。

首先，既然华夏人是在与其他先进古代文明相对隔绝的特殊条件下创造和发展自己的文化的，那么他们就不可能具有世界各种异质文化多元并存这样一种文化观念。即使考古学者和人类学者曾经发现并可以继续发现外部文化的某些个别要素，如涓涓细流滋润了华夏文明的早期发育，但就总体而言，华夏先民们在主观上从来未曾意识到希腊、罗马、埃及、美索不达米亚这些古代先进文明，作为与华夏文明不同的异源的文化实体而存在。例如，无论在《山海经》、《尚书》以及此后的《春秋》、《左传》和其他儒家早期经典的记载中，我们都很难发现古代中国人有过世界上各个文化实体多元并存的观念痕迹。

古代华夏人既然由于地理条件限制，不能意识到其他异质文化与自己的文化同时并存这一客观现实，那么他们自然只能把自己的华夏文化以及这种文化包含的价值规范，作为普天之下文明存在的唯一形态。因此，在华夏人看来，"天下"是"九州分野"以内的华夏人与这一分野之外的"夷狄"共同构成的。既然天赐的文明（也即后来儒家所称的"礼乐教化"的价值规范），是九州分野以内的华夏人所独有的，那么他们自然处于天下的中心。相对于四周的蛮夷来说，他们便是"中国"。《说文解字》称："夏，中国之人也。"正是华夏人的自我中心意识的明确阐释，而那些处于四周的不曾开化的部族,既然处于被发文身、衣毛穴居的野蛮状态,不曾受到衣冠礼乐文明的熏陶,那么依其与"中国"的方位关系,则被称为"北狄"、"东夷"、"南蛮"、"西戎"。这些用语中蕴含的鄙视色彩,正是华夏人由于不能与先进文明相邻而产生的文化优越意识的自然流露。

除了上述观念外,华夏人还具有另外一种文化观念,即把文明由内向外辐射传播视为文化传播的唯一形态。这种观念集中表现在孟子所概括的"吾闻用夏变夷者,未闻变于夷者也"①这一论断之中。

产生这种文化传播观念的原因是由于华夏人相对于比自己落后的四邻僻远部族来说,具有较高的文化势能。他们自然会用自己先进的制度、习俗、典章及生产技术,从君臣秩序、衣冠礼制到果蔬菜菇、稻麻黍稷(也即儒家后来笼统指称的"礼乐教化"),去同化四周的"夷狄"。而落后的四邻自然也乐于为这种更高级的文化所吸引。一旦后者接受华夏人的"礼乐教化",原来的"夷狄"也就变成了华夏共同体的成员。华夏文化圈的外延也随之向四周不断地辐射扩展。与此同时,扩大了的华夏共同体又重新在新的边界上面临不开化的"四夷"。于是,"用夏变夷"的过程,也即以先进的华夏文化去感化四夷落后部族的同化过程,又在这个新的边缘上重新开始。在漫长的早期中国文明发展史中,这种同化过程不断的周期性反复,自然使华夏人认为,普天之下,"华夷对峙"的文化分界与"用夏变夷"的文化传播始终具有普遍和永恒的意义。

---

① 《孟子·滕文公上》。

我们可以把华夏文化由一个单一中心自内向外传播的这种独特方式称为单向性辐射状传播方式。把古代中国、环地中海诸文明古国与岛国日本的文化传播的不同模式进行横向比较，是颇有意义的。

根据前面的叙述，我们可以把古代希腊罗马文明的文化传播模式，称为多向交汇型的文化传播模式。这种传播方式的特点是：主体文化承认其他文化作为对等的异质文化实体而存在，并在这一基础上彼此进行文化交流。希腊人尽管视波斯人为"野蛮国家"，但希腊人从不否认波斯帝国作为一个异己的文化实体存在的事实。其结果，必然导致一种与"天下"观念性质迥异的多元文化并存的观念——即古典意义上的国际和世界观念。当我们翻阅古希腊历史学家希罗多德与修昔底德的战争史著作时，我们会惊异地发现，早在公元前五世纪的希波战争与伯罗奔尼撒战争时代，古希腊人就已经会娴熟地运用类似近代的国际条约、使节、宣战、媾和、战争赔款等国际法则，来处理属于不同文化类型的各政治实体之间的相互关系了。尽管这种古典意义上的国际观念与近代民族国家兴起以后形成的国际观念并不完全相同，但两者之间的历史渊源关系却是一脉相承的。与此形成鲜明对比的是，在中国，以华夏为天下中心、以华夏以外的人为蛮夷人的观念，从尧舜禹时代开始一直到鸦片战争以后相当长的一段时间里，始终根深蒂固地纠缠在上自皇帝、下至士大夫庶民的头脑中，难以消除，以至近代中国人不得不为此付出极其沉重的代价。

属于多向交汇传播型的文化，往往处于地理交通较为通达的地区。从消极方面看，处于这种地理条件下的西方诸古老文化，由于频繁的异族入侵、民族大迁徙以及其他各种外部政治社会因素的影响和冲击,往往使主体文化难以保持强有力的历史文化连续性。另一方面,从积极方面来看,多种文化的彼此交汇与渗透,也易于导致主体文化对异质文化因素有较大的容受力与吸收融合能力,从而具有较大的自我更新潜势。

从文化传播方式上来看,岛国日本文化乃是另一种具有特色的文化,大体上可以归属为由外向内地选择吸附型的文化传播方式。从公元三世纪开始,日本在应仁天皇时代便开始从中国摄取大陆文化,从中国晋朝、隋朝、唐朝、宋朝、明朝先后直接或间接地传入汉字、佛教、隋唐政治制度、朱子学、阳明学。以后,又在明治时代从西洋输入近代资本主义文化,在漫长的历史岁月中,日本曾有过好多次由外向内吸收外部文化的浪潮,这种文化传播模式,是与日本孤岛型国家的地理环境有密切关系的。从消极方面来看,它使主体文化的发展变迁,不得不在很大程度上取决于外部文化的发展,以及外部文化源是否有条件给予它以足够的文化信息冲击与刺激。因此,这种类型的传统文化往往具有过多地依靠外部机遇的被动倾向。按照一位日本学者的说法,某种意义上,也使"日本人容易醉心于成为外国文明的模仿者"[①]。但是,异源文化提供新的文化因素和信息的机会一旦出现,主体文化便会以极为敏锐的姿态和传统的主动性,对外部世界各种文化进行比较和选择,从而使这种外部刺激成为自身发展的新起点。因此,"主动吸收外国文明的精神才是日本人的传统性格"[②]。这种文化心理,对日本的"脱亚入欧"的近代化过程无疑具有积极

[①]〔日〕吉田茂:《激荡的百年史》,世界知识出版社1980年版,第13页。
[②]〔日〕吉田茂:《激荡的百年史》,世界知识出版社1980年版,第13页。

的促进作用。

古代华夏人的中心辐射型的文化传播模式，对古代中国人的文化心理有什么积极的和消极的影响呢？

就积极方面而言，具有较高文化势能的华夏文化，千百年来不断地由内向外做辐射状传播，总是成功地同化和融合僻远落后的"四夷"部族。这就不断地强化了古代中国人的文化自信心理，在漫长的历史岁月中，这种文化自信心有助于使中国传统文化始终保持一种从未间断的历史连续性与稳定性。这对于一个遍及九州的古老民族的发展和统一，无疑具有强有力的凝聚作用和文化认同作用。

另一方面，从消极方面而言，也应看到，这种中心辐射型的文化传播观念，把九州以外的其他民族视为单方面的文化受赐者，也易于导致文化上的自我中心意识以及对来自其他民族的文化信息的漠然态度。而"四夷"对华夏文化向心归顺的"传统谦恭态度"，又会进一步助长处于"中心"的主体文化以尊临卑的优越感。这些文化心理特点，对中国传统文化以后的发展，尤其是传统文化在遭受近代西方文化冲击之后的历史命运，无疑具有严重的影响。在本书各章中，我们将会不断涉及这个问题。

中央集权与华夷秩序

从秦汉到鸦片战争以前的两千年中，就中国自身的社会组织与政治结构的格局而言，先秦时代的七国分立，已演变为以郡县制中央专制集权制为基本形态的政治局面。就中国传统儒家文化与外部异源文化的接触而言，儒家文化在近代以前曾先后经受了佛教输入，游牧民族入主中原，西域商人来华贸易，以及明末清初西学东渐等几次较大的来自外部文化的冲击运动。

因此，人们自然会提出这样的问题：由于政治社会格局与文化交流的影响，先秦时期业已形成的上述传统文化心理，在这长达两千年的历史阶段，有了什么新的发展和变化？

中央集权的郡县制封建王朝自秦汉建立以后，历经隋、唐、宋、元、明、清各代，中央集权制度不断强化，中国与"四夷"的关系，俨然成为"君臣"等级关系。中央朝廷与番邦各国之间，便以华夷等级观念为基础，建立起一种特殊的"国际"关系，即华夷等级秩序。

根据这种华夷等级秩序，中国皇帝与士大夫，把向四夷番邦属国传播高度繁荣的儒家文化，视为实现儒家"加惠四海、视民同仁"道义上的责任。而万邦来朝的兴隆政治场面，也足以宣扬中国帝制王朝"仁声义问，薄极照临"的统治威力。这种状况和精神气氛反过来自然也有利于统治者巩固自己在国内百姓中的威信和权势。

另一方面，长期以来慕尚儒家礼乐教化的、处于中原王朝统治之外的番邦属国的统治者，也乐于充当恭谦臣仆的角色，并以向中央王朝进贡方物的代价，获得与中原王朝互通贸易与吸取儒家先进文化营养的实惠。

正是在这个意义上，中原的王朝与四邻诸国之间，按上尊下卑的等级关系建立起来的这种"国际秩序"，是华夏文化传播方式、传统文化心理、儒家正统纲常观念与现实政治、经济等诸多因素复杂交织的结合物。其中，儒家文化相对周边民族而言的高度发展状态，以及儒家文化本身的包容力与同化力，是导致"中心"与"四方"相互之间形成尊卑关系的重要因素。

为了维持这种关系的等级性和稳定性,中央王朝为周边番邦规定的朝贡礼仪制度是极为严格的。后者根据前者的规定,应定期或不定期地遣派贡使,向天下共主——中原皇帝献上该地出产的各种珍奇礼物。贡使作为本部国君与酋长的代表,按预先规定的礼仪,向大皇帝躬行"以臣事君"之礼,用以表示向心归顺的诚意。中国皇帝则按相应的规格赐予相当优厚的赏赉,作为天下共主对异邦人归顺诚意的酬报。从唐宋至明清的一千多年里,中国的皇权在不断强化,这种表示华夷等级秩序的礼仪,也就一朝比一朝更为森严。明朝时,贡使觐见天子的礼仪规定是一跪三叩首①,清代则把觐见规定的礼仪叩头次数增加了三倍——三跪九叩首,以此表达番邦臣属对中国天子表示敬意的本分。

当然,改朝换代的中国天子,一旦坐定江山,也会及时向"四夷"派出钦差大臣,告谕番邦属国。而后者对于膺天宝命、统一万方的中国新皇帝,也会按惯例奉表称臣,接受新王朝天子的册封、符信和历法,并尊奉其为正统。这样,在新王朝与外邦之间又重新建立起上尊下卑的君臣关系。而一旦番邦国君亡故,继位者也会立即向中国天子遣使告哀。中国皇帝也往往按礼仪,以素服接见来使,以示哀悼之意,有时也派出使节带上祭礼,前往该国致哀。

概言之,中原王朝与外邦之间的"国际"关系是严格地按照三纲五常所要求的"君臣"关系的方式表现出来的。千百年来,无论是中国皇帝、朝野士大夫与庶民百姓,还是外邦酋长、国君,

---

① [波斯]盖耶速丁:《沙哈鲁遣使中国记》,中华书局1981年版,第119页。

都把这种等级性的"国际"秩序视为天经地义的。现代意义上的国际观念，以及古希腊、古罗马的"古典"国际观念，是古代中国人所不曾梦想过的，只要我们读一下本章卷首语引证的宋代士大夫石介在《中国论》中的那段话，就可以体会到传统中国的士大夫们对华夷秩序的信念是何等明确而且坚定。

石介还在同一文中以正统哲学的信条对此加以论证。其大意是：仰观于天，是二十八宿的星座。俯观于地，是与天上二十八宿相对应的中国九州。中国之所以为天下之正中而得天独厚，是因为九州境内，人们享有君臣、父子、夫妇、兄弟、宾客的三纲五常的伦理，享有礼乐、教化、衣冠和祭祀的文明。四夷之所以居天地之偏，则因为他们不曾享有此种文明。二十八宿的星座位置、九州内外的华夷划分以及三纲五常关系，是天经地义不容颠倒和混淆的宇宙秩序。否则"天常乱于上，地理易于下，人道悖于中，则国不为中国矣"①。

这种以华夷等级秩序为基干的"国际"观念，是如何制约着中国皇帝、士大夫与异邦人的思想和行动的呢？明代永乐年间，渤泥（今北加里曼丹文莱一带的古国）国王麻那惹加那，于永乐六年（1408）亲率家属赴南京觐见明成祖朱棣的史实，便是一个典型生动的事例。在《明史》及明成祖为此事颁刻的御制碑文里②，记载了双方之间一段颇有意思的对话。

首先，是渤泥国王向朱棣行跪拜之礼，然后致词："覆盖我的是天，载负我的是地。使我有幸拥有土地和人民，使强者不敢侵

---

① 石介：《中国论》，《徂莱石先生文集》卷十。
② 事见《明史》卷三二五《渤泥国传》。

凌我这小国的,则是贵天子的恩赐。天可以仰见,地可以履及,唯有天子远而难见。为了表达我一片输诚归化的恳切心愿,如今我亲率家属与陪臣,不远万里,踽历山海之险,亲自前来中华,向天子谢恩。"

朱棣的答辞表现了至尊天子的谦光大度:"上天与先帝,把治理天下万民的重任托付给了朕,让朕像对待自己儿子一样养育天下庶民百姓。上天与先帝,对待万民,不分内外,一视同仁。朕惟恐不堪重托,以至辜负你的一片美言。"

渤泥国王又一次以头叩地,继续跪答:"自从贵天子建元以来,臣仆的国家从此风调雨顺,五谷丰登,国内父老都说,这是中国圣人恩德化育的结果。臣仆的国土虽然遥远,但终是天子之臣,怎能不奋然前来瞻仰天颜?"

过后,明成祖对这位渤泥国王曾有过如下观感:"朕观其谈吐文雅,体貌恭顺,举止处处合乎礼教。可见他已摆脱了蛮夷习俗,他能做到这一步,真是夷狄中的超然卓异之人。自古以来,荒远的小邦异国,由于受到我中华礼乐声教的吸引,虽然也有国君亲自前来中华朝见天子的,但是像渤泥国王这样率领妻儿、兄弟、亲戚和陪臣,一齐跪拜于陛阶之下的,却还不曾有过。这位国王精诚所至,可谓达于神明。"①

永乐皇帝赐予渤泥国王以公侯规格的礼遇和丰厚的赏赐。不幸的是,渤泥国王在这次觐见后两个月就病逝于南京。朱棣特地为此辍朝三日,以示哀悼,后赐葬于南京安德门外石子岗。至今,人们还可以看到,在南京郊外一座不甚引人注目的小山脚下,在

---

① 《明史》卷三二五《渤泥国传》。

那浓密的灌木丛中，五百多年来几对石人石马一直陪伴着长眠于此的渤泥国王。

不仅在永乐皇帝眼中，而且在永乐之后的所有皇帝及其士大夫臣僚眼中，1408年来华的这位"夷狄之君"，是九州分野以外的所有异邦人应该效法的典范。在他们看来，连渤泥国这样僻远无名的小邦，都深知中华文物声教之至善至美，那么这种四方万国奔走臣服于本朝的隆兴场面，不正表明我们儒家先圣贤哲缔造的礼乐教化，具有博大精深的神化之机吗？不正表明中华文物声教迄于四海，具有一种超越时空的普遍威力吗？不也正表明本朝皇帝的统治受到上天的佑护，并体现了儒家先哲的王道理想吗？

因此，在中国各朝皇帝与士大夫官僚看来，中华帝国与外邦诸国的关系，只能是一种"以尊临卑"的关系而没有其他第二种选择。"夷人"前来中国，就意味着进贡和表示输诚向化。

千百年来，一代复一代，一朝复一朝，华夏文化时代业已形成的内夏外夷观念，在传统儒家文化时代，与三纲五常的礼仪等级制度和观念相结合，已经凝固为一种社会文化秩序。在一个以皇帝为最高顶点的垂直隶属型的社会结构中，无所不统的君臣等级秩序和与之相适应的观念，自然会附丽到中国与其他异邦诸国之间的关系上去。而与儒家文化并存的另外一些古代文明国家，又远在天涯海角，难以对中国人的上述观念进行强有力的冲击，从而使19世纪中叶以前的中国人继续保持着这种观念构架。

在我们对华夷"国际"秩序的基本内容作了上述简要回顾之后，下面，让我们进一步分析这种政治文化秩序和观念本身潜伏着的若干严重的消极因素。

首先，华夷"国际"秩序和观念，是以中国作为天下的中心，以中国皇帝作为天下共主这样一种狭隘的大一统意识为基础的。中国与外部世界的关系，被简单地划分为"内夏外夷"的关系。在这种关系构架中，中国将千古不变地享有施布文教的恩主尊荣，外邦则只应无条件地处于恭谦臣属的地位。

如果你问一个明代皇帝：你是世界上哪一个国家的君主？他一定会迷惑不解。作为"天下共主"，他是不能理解自己仅仅是东方一隅的某一个国家的君主这样一层意义的。换言之，传统中国人只有"天下"的观念，而没有"世界"的观念。"天下"，是与金字塔的等级秩序的观念和单一的权威政治中心的观念相联系的。在"天下"之中，儒家的价值体系是唯一合乎天意的价值规范。而"世界"是由各自独立的政治文化实体彼此发生横向联系的网络结合而成的。在"世界"里，没有一个凌驾于其他国家之上的至高无上的政治权威中心，也没有一个被所有政治实体共同尊奉的文化价值体系。如果说，在某一时期的世界舞台上出现了政治霸主，那么他仅仅是在多元政治实体的实力竞争中产生的。

传统中国的皇帝与士大夫官绅们，把中国视为天下中心的文化心理，明显地表现在明朝人自己绘制的舆地全图上。明万历年间，意大利传教士利玛窦在中国见到的是这样一张地图：大明帝国的十五个省，被画在地图中间部分。在其四周所绘出的海中，散布着若干小岛。在各小岛上填上当时中国人所曾听说过的所有其他国家的名字。而所有这些小岛加在一起的总面积，还不如中国一个最小的省份的面积大。①这幅地图，无疑是传统中国人对"天下"，也即他们心目中的"世界"的看法最形象的反映。当人

---

①《利玛窦中国札记》，中华书局1983年版，第179页。

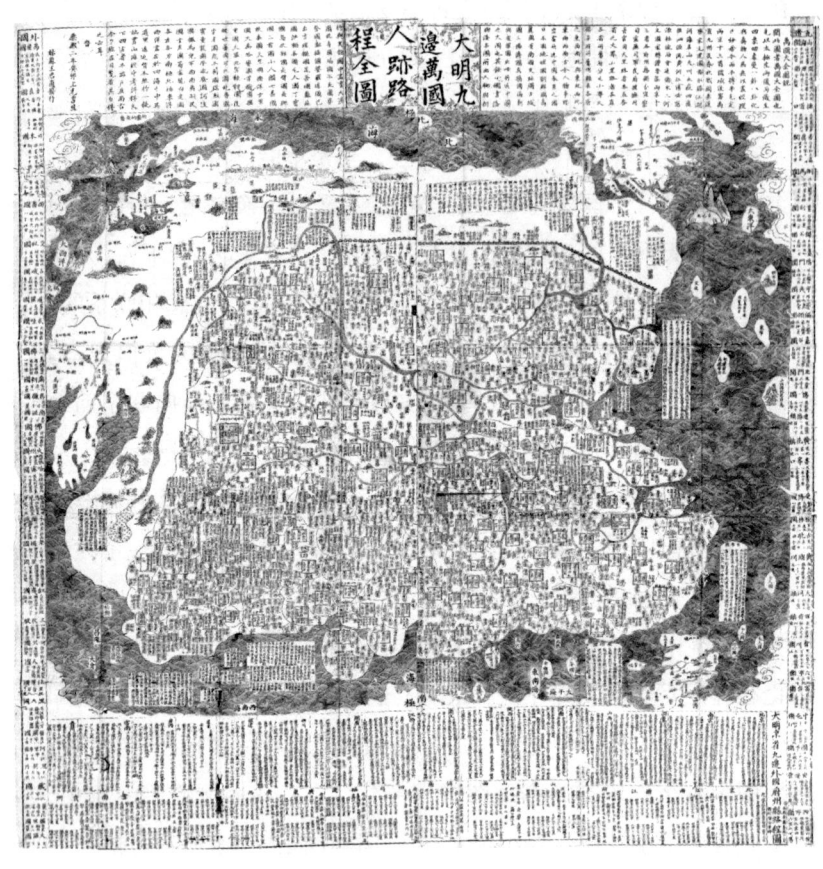

明末的《大明九边万国人迹路程全图》,地图制作者把所知道的国家和地区列于大明的四周。

们从利玛窦那儿听说中国仅仅是东方的一部分时，他们认为这种想法与他们的大不一样，简直是不可思议的。①后来，利玛窦把欧洲人绘制的地图展示在中国士大夫们面前，这幅精致的地图曾引起人们极大的兴趣。然而，勇于卫道的正统派士大夫立即发现了问题：在这幅有所谓经纬线、赤道和回归线的地图中，中国所占的位置竟是如此之小，它竟然没有被置于全图的中心！

于是，有人出来指斥说，利玛窦"以其邪说惑世"，"欺人之其目之不能见，足之不能至，无可按验耳。真可谓画工之画鬼魅也"②。抨击者的依据是："中国当居正中，而（该）图置（中国）稍西，全属无谓。"③利玛窦在其《中国札记》中也指出，"中国人认为天是圆的，地是平而方的，他们深信他们的国家就在地的中央。他们不喜欢我们把中国推到东方一角上的地理概念。"④

利玛窦神父出于传布福音事业的需要，不得不尽可能地避免与中国正统士大夫的传统观念发生冲突。于是这位聪明机智的神父仅仅抹去了福岛的第一条子午线，并在地图两边各留下一道边，使中国正好出现在地图的中央。这样做符合了士大夫们的想法，从而使他们十分高兴而且满意起来。⑤

利玛窦以一个欧洲人的眼光，曾对他所见到的中国人的这种文化心理作了如下描述：

---

① 《利玛窦中国札记》，中华书局1983年版，第179页。
② 徐昌治：《圣朝破邪集》卷二。
③ 徐昌治：《圣朝破邪集》卷二。
④ 《利玛窦中国札记》，中华书局1983年版，第180页。
⑤ 《利玛窦中国札记》，中华书局1983年版，第181页。

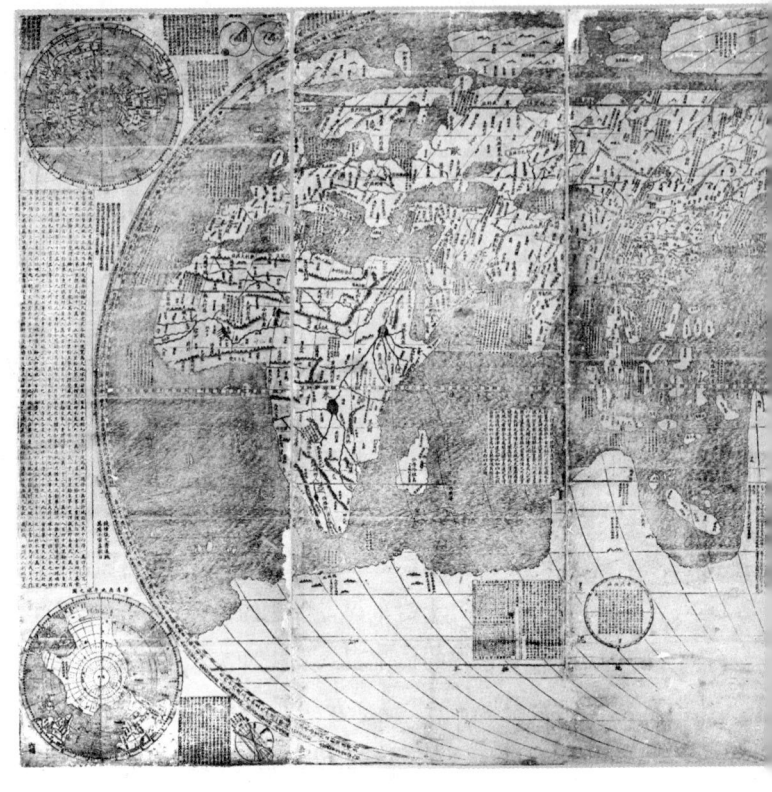

因为他们不知道地球的大小而又夜郎自大,所以中国人认为所有各国中只有中国值得称美,就国家的伟大、政治制度和学术的名气而论,他们不仅把所有别的民族都看作是野蛮人,而且看成是没有理性的动物。①

利氏这段议论当然是不够确切的,但是他以来自另一个文化

---

① 《利玛窦中国札记》,中华书局1983年版,第181页。

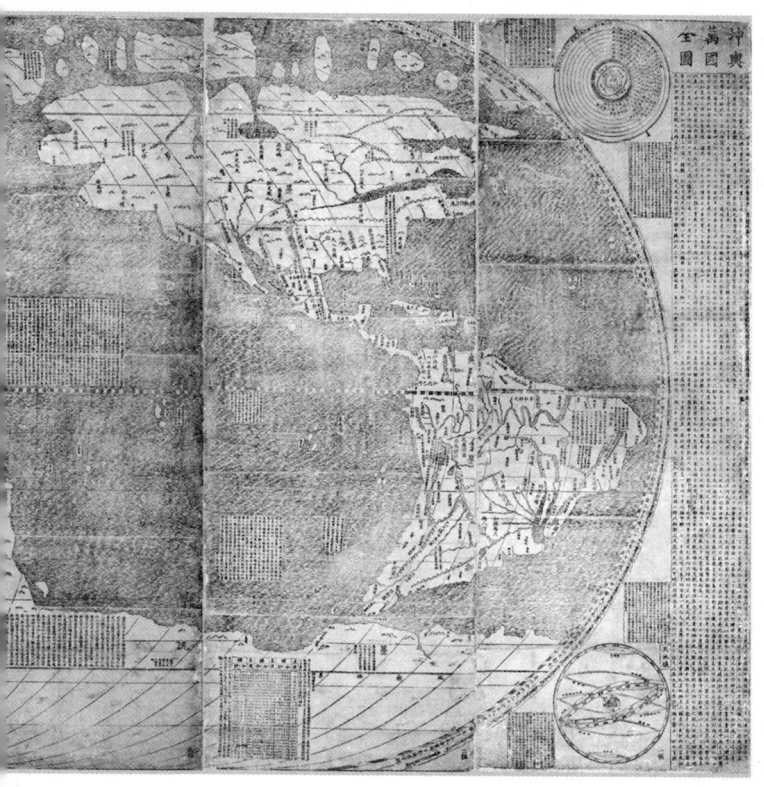

《坤舆万国全图》。一般认为，此图为意大利耶稣会传教士利玛窦在中国传教时所绘制。

的眼光，敏锐地注意到明代士大夫由于无法与较先进的西方文明接触，从而产生了文化上的自我中心意识。

其次，华夷"国际"秩序与观念是以儒家礼乐教化和纲常伦理的价值体系作为判断文明与野蛮的唯一尺度的。这种以儒家文化的价值规范和圣人之学来判断一切外来文化，必然从文化心理这一层次上构成对西学东渐运动的观念障碍，并导致对外来文化的强烈排斥倾向。明人沈㴶攻击西洋历法数学的论证方式，是一个很典型的例子。沈氏以传统的五行学说来解释天文。当他发现西学解释与传统历学解释相左，于是便予以激烈抨击：

> 天无二日，亦象天下之奉一君也，惟月配日，则象于后，垣宿经纬，以象百官，九野众星，以象八方民庶，今（西人）特为之说曰："日月五星，各居一天"，是举尧舜以来中国相传纲维之最大者而欲变乱之。①

把礼乐教化与纲常伦理视为天下文明的唯一尺度的狭隘意识，恰恰是与世界文化的多元性和价值体系的多元性的现实相矛盾的。换言之，在一个多元文化并存的地球上，存在着儒家文化以外的众多文化类型。如果用"礼乐教化""三纲五常"的价值尺度来衡量中国以外的其他文化实体和民族，那么，所有中国以外的民族和国家，将不得不在这种过于简单的二叉分类框架中，被归入"夷狄""化外"之列。

第三，华夷"国际"秩序与观念进一步强化了华夏文化由一个中心向四夷单向性辐射状传播的文化心理。既然数千年来只有"用夏变夷"，而从未听说"以夷变夏"，既然中国以外的其他地区已被礼乐教化的价值尺度判别为夷狄，那么中国之外的"夷狄之俗"，决不应该是沐浴于至善至美的儒家声教之中的中国人所需效法的对象。在明末清初，一些士大夫中出现了一股排斥西学东渐的保守思潮。我们可以从当时一位名叫李士棻的士大夫撰写的《劈邪说》中，清楚地看到上述文化心理对西学传入中国的严重阻碍作用。李氏的论点是：

---

① 沈㴶：《参远夷疏》，《圣朝破邪集》卷一。

（利玛窦）近复举其伎俩一二，如星文律器，称为中土之所未见未闻，……不思此等技艺，原在吾儒复载之中，上古结绳而治，不曰缺文，中古礼乐代兴，不无因革，诚以政教之大源在人心，而在此焉故也。是以诸子百家，虽间有及于性命，尚以立论不淳，学术偏杂，不能入吾夫子之门墙，而况外夷小技，窃淆正言，欲举吾儒性命之说，倒首而听其转向，斯不亦妖孽治乱之极，而圣天子斧钺之所必加乎？①

李氏在这段感情激越的议论中，对西洋近代天文律算之学之传入中国，颇有切齿之恨。在李氏看来，这种外夷小技的存在，本身就意味着对"吾儒性命之说"的悖离，因而只有把它们作为妖孽加以处理。康熙时代，另一位正统派人士杨光先反对西洋历法的著名论断是："宁可使中国无好历法，不可使中国有西洋人，无好历法，不过如汉家不知合朔之法，日食多在晦日，而犹享四百年之国祚。有西洋人，吾惧其挥金以收拾我天下之人心。如抢火于积薪，而祸至之无日也。"②

杨氏这种不近情理、自塞自闭的典型言论，只有透视传统士大夫正统派文化心理中的消极面才能理解。

当然，值得指出的是，人们不应把孔子的原始儒家思想与南宋以后，尤其是明清以后的正统士大夫的思想完全等同起来。正是春秋战国开放性的文化精神氛围，孕育了孔子的原始儒学充沛

---

① 李士粲：《劈邪说》，《圣朝破邪集》卷五。
② 夏燮：《滑夏之渐》，《中西纪事》卷二。

的生命力，但是儒学在秦汉以后经历了董仲舒的今文经学与程朱理学两次重要的蜕变。尽管从历史上看，这两次蜕变在当时也有过一定的合理性，但是，就儒家文化对外部世界的态度而言，董学与程朱之学则连续地强化了传统中国人的自我中心意识。千百年来，由于自然经济的自足性，以及历代中原王朝为防范游牧民族入侵和抵制佛教影响的需要，令上述传统的保守文化心理发展到"华夷大防"的森严地步。千百年来，中国人总是一代复一代地自觉或不自觉地以这种根深蒂固的文化心理来看待不断变化中的外部世界，这种先入为主的心理上的惰性，我们可以称为文化心理定势①。在以后的分析中，我们将发现，这种文化心理定势，对于中国士大夫应付近代西方文化的挑战来说，将具有何等严重的消极影响。

拒绝向天子跪拜的蛮夷

鸦片战争以前，资本主义的西方近代文明已经渐渐崛起，越来越多的西方商人，为了扩展他们在东方的市场，开始与古老的中国打交道。由于传统中国士大夫的"内夏外夷"、"华夏中心"、"用夏变夷"的观念已凝聚为一种强有力的文化心理定势，所以近

---

① 定势（attitude），也称心理定向反应或心态。它指的是人们在过去经验的基础上形成的有准备的心理状态。它影响或决定了同类后继心理活动的形成与趋势。具体地说，人们是按某种固定的态度倾向去反映现实，并对外部刺激作出有准备的反应。定势的积极方面是使人们的心理活动具有一定的稳定性和连续性，其消极方面则是导致对外部事物抱有成见、偏见或心理上的惰性。

代中国人与西方人接触伊始,就不可能摆脱"华夷"二叉分类法的思维框架来认识和理解西方人。在中国士大夫官绅眼里的欧洲人,既然来自荒远无稽之地,其语言、服饰、饮食、习俗又与沐浴于礼乐教化之下的中国人大异其趣,既然礼乐教化又是判断文明与野蛮的唯一尺度,那么就中国人的传统文化心理而言,把这一类人归入夷狄之列则是自然而然的了。《皇清四裔考》把英吉利称为"红毛蕃种",称"康熙间,英吉利始来通市。雍正七年后,互市不绝"①。此后,一位名叫陈昂的广东碣石镇总兵官在给皇上的奏言中称:"臣遍观海外诸国,皆奉正朔,惟红毛一种,奸宄莫测,其中有英圭黎(即英吉利)诸国,种族难分,声气则一。"②这位总兵大人在道光以前可以称得上当时拥有对英国知识最多的中国官员了。这段话正是近代中国人由于传统文化心理定势的影响,把西方各国视为"荒远夷狄"的典型反映。

另一方面,自从15—16世纪以来,处于重商主义发展时期的葡萄牙、荷兰的商人,他们在中国沿海地区剽劫行旅、掠夺良民的海盗冒险行径,更进一步加深了明清以来的中国人把欧洲人视为没有开化的蛮夷的印象。这种坏印象又加强了原有的文化心理定势和成见。17世纪以后,以经商赢利为目的的欧洲各国专利公司,取代海盗冒险式的葡萄牙商人,在东亚、南亚地区开始频繁活动。此时中国人把西洋人视为蛮夷的观念业已牢固形成,这类西方商人为了在中国沿海做成生意,也往往以商人特有的投机心理,采取灵活变通的态度和方式。他们以谦卑的口气,自称向心

---

① 姚莹:《皇清四裔考》,引自《康辅纪行》卷十二。
② 姚莹:《皇清四裔考》,引自《康辅纪行》卷十二。

归顺的远夷,迎合中国士大夫的华夷等级观念,以求得在中国沿海地区进行通商贸易的好处。例如,乾隆二十四年(1759),一位法国商人请求当时的两广总督扩大通商关系的禀文,就是以这样的口气来写的:

> 窃哩等生长外夷,自粤海开关以来,向慕德化,无不携带货本,远涉重洋,到粤贸易。荷蒙皇恩宪德,体恤至周且备,无不感勒心版……

洋商把自己附会于蛮夷的投机态度,多年以来一次又一次地迎合了士大夫官绅唯我独尊的文化心理。

这种视欧美各国为洋夷的看法一旦固定下来,按照千百年以来已被中国士大夫官绅阶级视为天经地义的华夷等级秩序,那么洋夷来到中国,则应尽其向天朝向化输诚的义务。所以,夷狄使者前来中华帝国,朝见作为天下共主的大清天子并吁请天恩时,竟然可以不行三跪九叩之礼,而采取什么其他态度,对鸦片战争以前的中国人是不可思议的。

然而,18世纪末叶,一位来自英国的外交使节,第一次向中国人的华夷等级秩序提出了挑战。在中西文化冲突的历史上,这是一桩意味深长的历史事件。

这件事发生在乾隆五十八年(1793)。当时的英国国王乔治三世派遣马戛尔尼勋爵(Earl of Macartney)为特使,以补贺乾隆皇帝八十寿辰为名,来华请求扩大通商事宜,包括请求中国开放更多口岸,降低税率,给予租界并派公使长驻中国等等。这位特使带着从英国运来的六百箱贺礼,远涉重洋,从大沽上岸。登岸伊始,运载英国礼品的车船立即被中国官员插上标明"英吉利贡使"字样的旗帜。这位英使虽然心里明白,却假装糊涂,没有提出异议。因为他深知如果要矫正,多半也是无效,反而有碍于他外交使命的完成。①然而,在觐见乾隆皇帝时行三跪九叩之礼的问题上,这位勋爵一开始就表示拒绝。而中国官员则极力坚持,双方相持不下。马戛尔尼表示,他愿意在符合他对本国君主所行的礼节限度内,尽其所能在觐见时表示他对中国皇帝的敬意,但他坚决反对作任何把英国解释为中国的藩属或属国的事情。②乾隆皇帝在举行觐见仪式以前得知马戛尔尼这一态度后,谕令办理接待事务的大臣用下述理由来开导对方。其大意是:凡是四方藩封之国,前来天朝进贡和观光者,不但陪臣必须向天子行三跪九叩之礼,即使是该国的国王亲自来朝,也必须躬行此礼。尔自应遵守天朝法度,如果是因为尔国有用布带札腿的习俗,不便跪拜,那何妨在叩见时暂时把布带解开,等觐见之后再把布带札上,也属甚便。如尔等拘泥本俗,不行此礼,那就不能表示尔国王派遣尔等航海远来输诚归顺的诚意。不仅各藩国使臣会讥笑尔等不懂天朝礼仪,恐怕我朝官员也不会允许。③

乾隆皇帝对这位不懂礼仪的远夷的训诫,使用了中国皇帝最大限度的委婉口吻,表现出至尊天子的宽宏大度,但是这位马戛尔尼勋爵继续拒绝开导。他竟异想天开地建议交换一项什么书面

---

① 斯当东:《外国使节觐见档案汇编》,转引自〔英〕马士:《中华帝国对外关系史》第一卷,三联书店1957年版,第60页。

② 斯当东:《外国使节觐见档案汇编》,转引自〔英〕马士:《中华帝国对外关系史》第一卷,三联书店1957年版,第60页。

③ 夏燮:《猾夏之渐》,《中西纪事》卷二。

协议：载明要有一名与他官阶相等的中国朝臣，穿着朝服，在英吉利国君肖像之前行三跪九叩之礼，然后他本人将对等地向乾隆皇帝行同样的跪拜礼。①此项建议理所当然地被朝臣们拒绝。最后，这位特使在热河行宫两次觐见时，居然顽固地拒绝下跪，而以屈膝礼代替本来要他行的跪拜礼。这在中国传统历史上也许是破天荒的第一次。据有关学者统计，从1656年到1795年的一百四十年里，俄国、荷兰、葡萄牙、罗马教皇和其他一些欧洲国家派遣使节觐见清朝皇帝达十七次之多，马戛尔尼出使可能是唯一没有行三跪九叩礼的一次。②乾隆皇帝的不满是不言而喻的，皇帝降旨令其早日出境，而英方提出的全部要求，按闭关自守的传统惯例，本来也是要全盘严词拒绝的。

这是大英帝国向清王朝的华夷等级秩序首次挑战的信号，但这个信号则完全被沉醉在"一统无外，四夷宾服"的传统美梦中的清朝皇帝和朝野士大夫们忽略了。人们仅仅把这位"英吉利贡使"拒绝行跪拜礼的动机理解为远方夷狄不开化的表现。直到很久以后，一位正统士大夫还对此耿耿于怀，他以极为鄙夷的口吻来回顾这位英国使节拒绝跪拜的粗野、唐突行为。他写道："乾隆五十八年，（英吉利）进贡……皇心喜其远夷之效顺，爱而畜之，隆以恩宠，而奸夷志满意溢，不思答报，反潜滋其骄悛。"③

大清皇帝及其臣僚们正是这样，把1793年英国殖民帝国谋求扩展双方贸易的外交行动，离奇地理解为荒远极西的夷狄之国由

---

①《中华帝国对外关系史》第一卷，三联书店1957年版，第60—61页。
②〔美〕费正清、邓嗣禹：《清代朝贡制度》，第188页，转引自《日本外交史》，第31页。
③方东树：《病榻罪言》（道光二十二年，1842年）。

于受到中华帝国的"王化"召感而采取的输诚纳贡行动。而且，连英王乔治三世致乾隆皇帝的信，也由清朝官方的译员按中国人一厢情愿的理解，翻译得面目全非，以至人们读后还会以为是英王在向乾隆单方面表示效顺和吁请天恩：

> 如今闻得各处惟有中国大皇帝管的地方，一切风俗礼法，比别处更高，至精至妙，实在是头一处，各处也都赞美心服的。……故此越发想念着来向化输诚……所以趁此时候得与中国皇帝进献表贡，盼望得些好处。①

因此，乾隆给英王的敕文谕道：

> 咨尔国王，远在重洋，倾慕向化，特遣使恭赍表章，航海远来，叩祝万寿，并进方物，用将忱悃，词意肫恳，具见尔国恭顺之诚，深为嘉许。②

关于英方提出的有关扩大通商的要求，敕谕中则是那段著名的大言高论：

> 天朝物产丰富，无所不有，原不借外洋货物以通有无。特因天朝产茶叶、瓷器，是西洋各国及尔国必需之物，是以加恩体恤。③

---

① 《英使马戛尼来聘案》，载故宫博物院《掌故丛编》第八辑。
② 《清朝续文献通考》卷三〇〇。
③ 《清朝续文献通考》卷三〇〇。

至尔国王表内恳请派一尔国之人,住居天朝,照管尔买卖一节,此则与天朝体制不合,断不可行。设天朝欲差人常住尔国,岂亦尔国所能遵行?况西洋诸国甚多,非止尔一国,……岂能因尔国王一人之请,以致更张天朝百余年法度?①

毫无疑问,对于英方提出的其他各项要求,中方也以同理一一严加拒绝。至于那个不肯向皇上跪拜的贡使马戛尔尼,乾隆在敕文中谕道:"(该贡使)大乖仰体天朝加惠远人、抚育四夷之道。""念尔国僻居荒远,间隔重瀛,于天朝体制原未谙习,是以命大臣等向使臣等详加开导。"②

二十三年过去了,嘉庆二十一年(1816),英国又派出了一位新的使节阿美士德前来北京,请求中国允许扩大广州通商贸易等事宜。中国方面又一次把对方这次外交行动理解为对方"向心效顺"新的表示。礼部官员们原先已为接纳这位新的英吉利贡使而拟定了全套日程安排。其中包括:凡未曾谙熟三跪九叩之礼的外夷贡使及随行人员,抵京后由专人教习其叩跪之礼,使其不致在皇帝陛见时仓皇失措,显得没有教养。来使进京的第一天(预定为八月初七)安排贡使朝见皇上;第二天于正大光明殿赐宴颁赏;第三天向皇上辞行,同日,赐游禁苑万寿山;第四天于太和殿颁赏,并由礼部设宴遣行等等。③户部尚书和世泰奉旨专程赶到天

---

①《清朝续文献通考》卷三〇〇。
②《清朝续文献通考》卷三〇〇。
③嘉庆帝致英王敕谕(八月三十日),引自《中西纪事》卷二《猾夏之渐》。

津，负责料理英吉利贡使从大沽上岸后的一切有关事宜。①中国官员事先曾向皇上保证，英吉利贡使的觐见必可如仪完成，整套"节目"将有条不紊，切合给予一个夷狄之国的贡使应有的礼遇。当年马戛尔尼觐见先帝时的唐突行为决不允许在这次觐见时再次重演。

然而，这位尚书大人的锦囊妙计竟是一种别出心裁的疲劳战术。是日，阿美士德特使乘船抵达大沽，刚一上岸立即被载往北京。一路上，木轮马车在半夜的坎坷不平的驿道上颠簸不堪，疲劳已极的特使请求停车宿夜。这一要求自然不会得到允许。②经过一昼夜马不停蹄的震动和摇晃以后，凌晨，马车突然停了下来。尘垢满面的英国特使发现自己被带到一处富丽堂皇的宫殿之前。透过蒙蒙的晨雾，他看到一群身穿盛服的清朝官员正准备上朝。朝廷大臣们满心以为这个不肯行跪拜礼的贡使，经过长途跋涉和一整夜没有合眼的颠簸旅行之后，一定神志不清，加之圆明园内这如此壮观的朝会场面，也会使这个夷狄之国的贡使仓皇失措——大概就会毫无主张地听从礼部官员的摆布。③三跪九叩之礼便会如仪完成。

嘉庆皇帝已经升殿，坐在高高的宝座上，等待着英吉利贡使行跪拜礼并向他表示崇高的敬意。然而，阿美士德与其副使马礼

---

①嘉庆帝致英王敕谕（八月三十日），引自《中西纪事》卷二《滑夏之渐》。又见王之春编《国朝柔远记》。

②嘉庆帝致英王敕谕（八月三十日），引自《中西纪事》卷二《滑夏之渐》。又见王之春编《国朝柔远记》。

③德庇时：《中国闻见录》第一卷，第162页，转引自《中华帝国对外关系史》第一卷，三联书店1957年版，第64页。

逊却坚决不肯入殿。中国官员则坚持他们必须立即入殿并下跪。双方再次相持不下。当时的窘状是可想而知的。和世泰等中国官员更是心急如焚,以致中国大臣们几乎达到动手拖拉阿美士德入殿下跪的地步。①

阿美士德也确实有充分理由拒绝立即觐见皇上。他表示,他准备觐见中国皇帝时交递的国书与身穿的礼服,都放在远远落在后面的辎重车上,而身上穿着沾满泥垢的便装觐见中国皇帝显然是很不礼貌的。②因此,他要求改日觐见皇上。这一理由显然无懈可击。

嘉庆皇帝已等得不耐烦了。那位自作聪明的户部尚书和世泰在弄巧成拙之后,恐怕皇上追究其料理不善的责任,便向皇上谎称贡使与副使自称同时生了病,因而不愿入朝云云。③皇上听罢大怒,立即下达逐客令:凡该使臣带来的"贡礼"一概不收,派人伴押这位桀骜不驯的"贡使"出境。然而,当阿美士德及其使团狼狈离京之后,嘉庆皇帝又派钦使赶至北京郊外的良乡,追上英国外交使团,开恩酌情收下部分"贡礼",并赐给英吉利国王若干赏赉,以示宽大;同时还让阿美士德带去一份给英王的敕谕。

这份敕谕的大意是:皇上对远隔重洋的英吉利国王"笃于恭顺""输诚慕化",并派遣"贡使"来天朝效忠之事,"深为愉悦",但对"贡使"在即将觐见的庄严时刻竟双双称病的无礼行为加以谴责,又考虑到不能因使臣失礼而抹杀该国王在数万里外奉表纳

---

① 《中华帝国对外关系史》第一卷,三联书店1957年版,第63页。
② 《中华帝国对外关系史》第一卷,三联书店1957年版,第63页。又见王之春编《国朝柔远记》。
③ 《中西纪事》卷二《滑夏之渐》。又见王之春《国朝柔远记》。

赆的一片恭顺诚意,因此特将"贡物"中的山水画、肖像画酌情收纳一两件,以表示对该国归顺诚心的嘉赞。同时,皇上还赐给白如意、大朝珠、大荷包各一件,以示怀柔远夷之意。①

该敕谕中更有意思的是下面一段话:"天朝不宝远物,凡尔国奇巧之器,也不视为珍异,只要尔国国君能使尔国百姓和睦安泰、保护好尔国疆土,朕就予以嘉许。以后尔国也不必时时派遣使臣不远万里前来朝贡,以免长途跋涉之苦。只须尔等倾心效顺天朝,就可算得上向心王化"云云。②

阿美士德特使的外交活动,发生在鸦片战争以前二十四年。这是继1793年马戛尔尼特使来华之后又一次彻底的外交失败。但是,这决不意味着大清帝国的外交胜利。

以文化史角度来看,清朝君臣与英国使节关于觐见礼仪的争执,反映了中国传统文化中的华夷等级秩序和观念与现代国际外交观念的严重对立和冲突。这种文化观念冲突发生在一个庞大的封建帝国与一个用近代资本主义文明武装起来的殖民帝国之间,从而不祥地预兆着:当一个沉湎在自我中心的古老民族不得不进入国际化竞争的时代,它将不得不为此付出惨重的代价。

一个深深沉睡的古老民族

对于一个民族来说,最可悲的莫过于在复杂而险恶的国际环境中丧失对周围世界的判断能力和自我意识。现代的中国人自然

---

① 梁廷枬:《粤海关志》卷二三。
② 梁廷枬:《粤海关志》卷二三。

会问：是什么原因使清王朝那些知书识礼的皇帝、百官和士大夫们，对国际社会的知识竟幼稚到如此地步？为什么当时上自君王下至庶民百姓，竟无法分辨出近代英国与传统夷狄存在着如此明显而根本的区别？为什么从尧舜禹时代就产生的文化心理和习惯性的文化偏见，到19世纪时竟比历史上任何时期都更强有力地主宰着人们的头脑，以至于人们的观念、判断、决策、理解，与国际现实之间的严重背离竟达到嘉庆诏谕中所表现出来的那种荒谬程度？

我们不应该忘记，这种华夷观念在19世纪的强化，这种以笑剧形式表现出来的悲剧序幕，是在清王朝自17世纪以来采取空前严厉的海禁政策和闭关政策之后，才有可能出现的。当一个民族把大门反锁，并杜绝了自己的耳目视听，从而人为地堵塞了有关外部世界的信息来源时，一方面，它便有了比以往更充分的理由相信自己处于"声教迄于四海"的天下中心地位，另一方面，当这种作茧自缚使它陷于种种历史性错觉的时候，它将不得不承受现实冷酷的报复。

——至少在明末清初以前，华夏与外部世界之间的文化经济交流的渠道没有完全堵塞。就以明代万历年间而言，意大利传教士利玛窦神父可以与中国士大夫及中央和地方的官员私下自由往来，他的居室里往往宾客满座，以致时时到了没有闲暇的地步。这种文化交流至少使中国士大夫中的部分人士对外部世界保持着一定限度的了解和文化好奇心理，并在一定程度上有助于防止华夏中心论的意识畸变到盲目自大的愚妄地步。

然而到了康熙中叶以后，由于清代闭关自守倾向比明代有了进一步加强，还由于以利玛窦为代表的西学东渐运动的失败，中外文化交流的涓涓细流也从此几乎全部中断。乾隆中叶,原来的四口通商改为只有广州一口通商。清代法令规定,不准中国人出洋,不准"夷商"在广州住冬,不准"夷商"购买中国书籍和学习中国语言文字。例如,一个名叫刘亚匾的中国人,因教习外国商人学习汉文,于乾隆二十四年(1759)被处以斩首极刑。① "夷商"在广州贸易期间生活起居都受到极严格的监视,后来又规定了"洋夷"不允许入广州城的规定。

利玛窦与徐光启。在明末,天主教徒徐光启可以称得上是中西文化交流的"先行者",翻译有欧几里德《几何原本》的前六卷,并制订了脱胎于西洋历法的《崇祯历书》。

我们不应该忘记,正是这种极度的文化封锁政策与文化专制主义的密切结合,使中国人对外部世界的求知渴望几乎被完全窒息了。一种孤陋寡闻而又妄自尊大的精神气氛弥漫在清代士大夫官绅们中间。清代雍正、乾隆以来,中国人对外部世界的知识幼稚荒谬与贫乏愚昧,社会风气的闭塞,几乎达到了现代人不可思

---

① 转引自张德昌:《清代鸦片战争前之中西沿海通商》,载《清华学报》十卷期(1935年1月)。

议的地步。堪称学识最渊博的乾嘉学派大师俞正燮称："洋人巧器，亦呼为鬼工，而罗刹安之，其自信知识在脑不在心。盖为人穷工极巧，可见心窍不开，在彼国为常，在中国则为怪也。"①又例如，就是连魏源这样的思想家，其最进步的名著《海国图志》竟是根据方士炼阴补阳、取人精髓的迷信传说来记叙天主教是怎样传教的：

> 受教者先令吞丸一枚，归则毁祖先神主，一心奉教，至死不移。有泄其术者，服下药，见厕中有物蠕动。洗视之，则女形寸许，眉目如生，诘之本师，曰："此乃天主圣母也。"
> 凡入教人病将死，必报其师。师至，则妻子皆跽（音 jì，长跪）室外，不许入，良久气绝，则教师以白布囊死人之首，不许解视，盖目睛已被取去矣。有伪入教者，欲试其术，乃佯病数日不食，报其师至，（师）果持小刀进前，将取睛，其人奋击之，乃踉跄遁。闻夷市中国铅百斤，可煎文银八斤。其余九十二斤仍可卖还原价。惟其银必以华人睛点之乃可用。而西洋人之睛不济事也。②

现代中国人读了这段载于《海国图志》的"天主教"条的记叙，不能不产生这样一个疑问：为什么当时最先进的人物，对西方文化的认识水平竟低下到这等地步？既然当时最高认识水平的人物见解尚且如此，那么一般士大夫正统派及庶民百姓，对外部

---

① 俞正燮：《天主教记》，《癸巳存稿》卷十五。
② 魏源：《海国图志》"天主教"条。

世界的愚昧无知达到何等地步,便可想而知了。把明末徐光启对西方文化的认识水准与魏源相比较,也就是说,把两个时代最先进的人物对同一事物的认识水平相比较,我们不能不看到这是一种何等严重的倒退。

我们不应该忘记,在19世纪中叶,即使像林则徐这样的杰出人物,仍然是以"中国只要闭关绝市,便能置英国于死地"这样一种判断来作为最初决策前提的。他在《拟谕英吉利国王檄》中集中地表现了这种文化观念:

> 贵国王累世相传,皆称恭顺,观历次进贡表文……窃喜贵国王深明大义,感激天恩。是以天朝柔怀绥远,倍加优礼,贸易之利,垂二百年,该国所以富庶,赖有此也。
>
> 况如茶叶大黄,外国所不可一日无也。中国若靳其利而不恤其害,则夷人何以为生?又外国之呢羽哔叽,非得中国丝斤,不能成织。……外国所必须者,曷可胜数,而外来之物,皆不过以供玩好,可有可无,即非中国要需,何难闭关绝市?①

我们不应该忘记,闭关自守的海禁政策造成的自蔽聪明与华夏中心论的盲目自大相结合,是导致鸦片战争失败的不容忽视的原因之一。林则徐曾深信"英兵腿足伸展不便"②;耆英称英兵在夜间"目光昏暗"③;骆秉章奏称英兵以"象皮铜片包护上身,刀

---

① 《拟喻英吉利国王檄》,《林文忠公政书》卷四。
② 转引自陈恭禄:《中国近代史》,商务印书馆1936年版,第74页。
③ 转引自陈恭禄:《中国近代史》,商务印书馆1936年版,第74页。

刃不能伤"，因而只须"以长梃俯击其足，便可使其应手即倒"①。道光皇帝的批语是"众口一辞，信然"②。一位福建举人黄惠田所呈交道光皇帝的《平英策略》更是一派梦呓之言："逆夷（英兵）由安海放桅而来，日食干粮，不敢燃火，其地黑暗，须半月日始出口，方至息辣。"③这份充满无稽之谈的奏疏，竟为清朝各级官员所相信，并逐级上达朝廷，足见清朝士大夫官绅对外知识及判断能力退化到何等低下的地步！

当一个国家的命运是由这样的统治阶级所掌握的时候，当一个民族中最先进、学识最渊博的人与当时最保守的人均处于这样一个层次的认识水平的时候，人们有什么理由指望一场战争能在这种条件下取得胜利？

我们还不应该忘记，一种畸形发展的自我中心的文化心理，是与清中叶大兴文字狱以后普遍麻木的时代精神气氛不可分割地联系在一起的。正是这种精神气氛，使人们对专制皇权的崇拜，发展到一个前所未有的高度。这种皇权崇拜反过来窒息了人们的独立思考能力、对新鲜事物的求知欲望，以及人们适应新的环境所必需的、创造性的精神活力。

嘉庆二十年（1815），正是英国特使阿美士德来中国的前一年，龚自珍曾以沉郁、悲愤的心情，如此描绘了当时中国思想界的极度消沉和僵化状况。他写道：那是一个"文类治世、名类治世、声音笑貌类治世"的"衰世"时代，那是一个人心混混、朝廷无才相、兵营无才将、学校无才士、田野无才农、居宅无才工、

---

① 转引自陈恭禄：《中国近代史》，商务印书馆1936年版，第74页。
② 转引自陈恭禄：《中国近代史》，商务印书馆1936年版，第74页。
③ 转引自陈恭禄：《中国近代史》，商务印书馆1936年版，第74页。

工场无才匠、街市无才商的时代。那是一个甚至连才偷和才盗都没有的时代,在这样的时代,一旦有才者降生,那么将会有千百个庸碌无才者去督责他、束缚他、扼杀他。人们用的不是刀锯,不是水火,而是用文名和声音笑貌来扼杀他那能忧伤、能悲愤、能思虑、能有所作为的心,扼杀他那颗懂得廉耻的、没有渣滓的心。当有才者自料不能摆脱被扼杀的命运,他就早夜号哭以求天下大治,求治不得,则早夜号哭以求天下大乱!①

龚自珍的这段话语,宛如黑暗的墓地里发自一个活人的凄厉摧心的呐喊,划破了荒野的沉寂。然而,回答他的仍然是荒野的沉寂。这个曾经诞生过屈原、李白、杜甫的古老伟大民族已经深深地沉睡了。它睡得那样深沉,以至于二十五年以后,鸦片战争的几声炮鸣根本不足以使人们惊醒。

当西方挑战来临的时候,我们这个民族必须同时摆脱千百年来的业已根深蒂固的文化心理惰性和麻木愚钝的精神状态。这是牢牢束缚着这个古老民族的双重精神羁绊,它们此刻已不仅仅是被动的历史沉淀物,它们简直是一种活生生的、强有力的幽灵和怪物,民族的求生意志将注定不得不与这些幽怪进行殊死的斗争。这就决定了近代中国人走向世界的历程(与世界上任何古老民族相比)必然是一个充满痛苦的内心冲突、异常曲折艰辛的精神历程。

---

① 龚自珍:《乙丙之际著议第九》,《定庵文集》卷上。

第二章
正统士大夫是怎样认知西方事物的

> 《论语》一书,综百王之大法。凡吾人所欲言,无不于数千百年前言之。
>
> 〔清〕叶德辉:《明教》

研究士大夫群体认识心理的意义

鸦片战争之后,西方近代科学技术及轮船、火车、电报、机器等物质文明产物,在中西文化冲突中,日益显示出中国人前所未知的巨大物质力量。然而,绝大多数士大夫,却总是把这些来自西方的新异事物当作异端来排斥。在士大夫中,那些"自命为正人者,动以不谈洋务为高,见有讲求西学者,则斥之曰名教罪人、士林败类"[1],甚至一旦"论及西洋事宜,相与哗然,以为夸奖外人,得罪公议","切切焉以评论西人长处为大戒"。这是一种普遍存在于士大夫中的群体性的社会价值观念。

自道光中叶以来,在历经咸丰、同治、光绪四朝的半个多世纪中,中国士大夫中的大多数人,面对西方侵略和西方文化挑战

---

[1] 郑观应:《盛世危言·西学》。

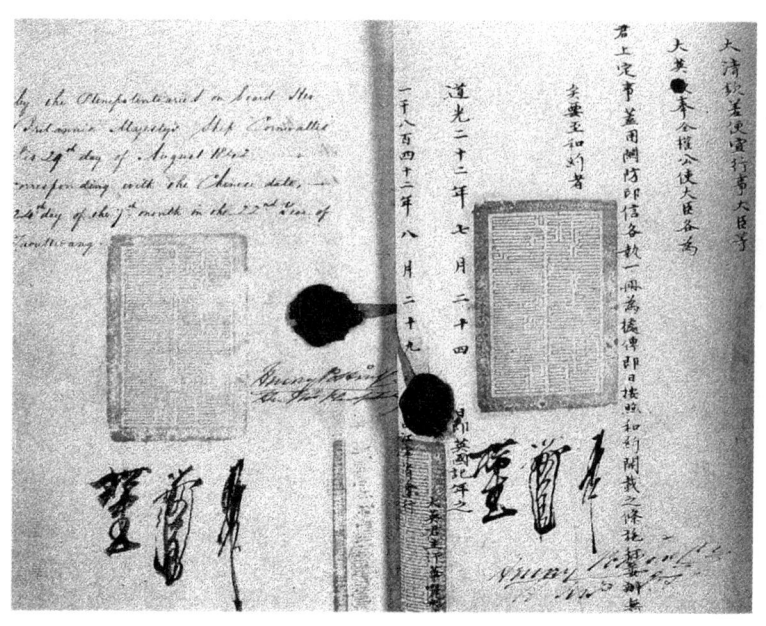

《南京条约》中英文约本接缝处,两国代表〔清政府钦差大臣耆英、英国全权代表璞鼎查(Sir Henry Pottinger)〕签字、用印情形:红色火漆上印有大英帝国国徽。

的严峻局势,他们作出的基本选择是,以传统儒家文化的固有观念和价值尺度为标准,来顽强地排斥西学的传入,并以此作为摆脱民族危机的基本方针。这种观念和方针,曾强有力地主宰了鸦片战争以后好几代中国士大夫的头脑,形成了一股遍及全国的"守其所已知,拒其所未闻"的国粹思潮。一直到19世纪末至20世纪初,随着整个士大夫阶级的没落,中国知识界的社会心态才发生了急剧的却为时甚晚的转折。

近代中国士大夫阶级中的大多数人对待西方文化的国粹态度和思想立场,是如此顽强有力,带有如此的普遍性和对其他社会阶层的渗透性，在时间上又是如此历久不衰，实在是中国文化史上和世界文化史上一个十分值得注意的问题。

造成这种国粹思潮的原因是什么？我们在第一章里分析过传统华夏中心论的文化心理惰性，指出这对士大夫排斥西学的国粹态度的形成，有过毋庸置疑的消极影响。但是，单纯的文化心理惰性，不足以充分解释，在鸦片战争以后长达半个多世纪的历史时期，当西学业已多方面地向中国人展示了其实际威力和效用的情况下，广大正统士大夫阶级为什么仍然顽强地坚持其国粹立场来反对西方文化，甚至慷慨激昂地把反对西学视为自己道义上的责任。

在本章里，我们将把观察点转移到士大夫的群体认识心理这一层次。我们将分析产生近代国粹思潮的认识心理原因。更具体地说，我们要分析的是，一般正统士大夫是怎样把西学判断为消极的乃至邪恶的东西的？士大夫在认识过程中存在着一种什么样的机制，引导着他们在逻辑上、理性上作出否定西学的思维判断？

我们将分两个步骤来研究这个问题。首先，我们将考察近代正统派士大夫在自己的思维中是怎样对西学这一客体对象进行认知、理解和概念归类的。其次，当士大夫在自己的思维中完成对西学的概念归类程序以后，又运用什么方法对西学予以价值评价。这种评价西学的价值尺度，又是从什么地方、以什么方式取得的。这里，还须指出的是，我们分析的对象是近代士大夫的群体认识心理机制。这里所说的群体认识心理，指的是一种典型认识心理。这种典型心理既不是每个士大夫个体心理的"总和"，也不是这些个体心理的"平均值"。换言之，由于每个士大夫的经历、遭遇、既得利益、个性气质各不相同，所以各人吸收这种典型心理的程度是不同的。①更具体地说，保守正统派体现的这种典型心理机制的程度要高些。比他们更开通的洋务派则较多地摆脱了这种典型心理，而比洋务派更激进的维新派则更大程度地摆脱了其影响。各人的社会经历、个性特质与这种作为集体经验的典型心理不同比例的结合，从而使士大夫的思想呈现出千姿百态。尽管如此，我们还是要指出，这种典型心理既然是从大多数士大夫的国粹表现中抽象出来的，那么它当然为大多数人所共有。我们民族在近代史上的种种不幸，就主观方面而言，恰恰在于，在中国特殊的历史文化条件下，有幸摆脱这种典型心理模式支配的士大夫为数实在太少了。

认识心理中的两种机制

在对近代中国士大夫认识西学的思维过程进行考察以前，我们将简略地阐述一下有关认知结构的概念，它将是我们进行讨论的必要前提。

从认识心理学角度来看，人作为认识主体，是运用自己思维中内在的认知结构作为框架来认识外界客观事物的。这里指的认知结构，就是由一系列在特定的历史文化条件下形成的概念、范畴彼此有机结合而成的思维网络。所谓对客体对象的认知，就是人们运用自己认知结构中的概念、范畴和术语，来表征和描述他所感知到的外部客观事物。因此，当人们运用自己的概念、范畴、

---

① 苏联学者 Г.М.安德烈耶娃在《社会心理学》（上海翻译出版公司1984年版）一书中，曾提出群体心理与个体心理之间的关系这一精辟见解。参见该书第184页。

术语，对外部客体的信息和感觉材料加以摄取、包容之后，客体对象在人的思维中就转换为主体所能理解和接受的语词形态。

根据现代著名的瑞士心理学家、发生认识论的创始者皮亚杰（Jean Piaget，1896—1980）对人的认识心理机制的研究结果，人们对外部客体对象的认识过程，存在着两个相互对立又相互依存的机制。一种机制是，当某一外部客体作用于人的思维时，它与主体的概念范畴中现存的语词直接吻合，从而能够顺利地被主体认知结构予以吸收，进而直接转换为主体认知结构内部的语词指号。例如，江面上移动的庞大物体这一外部客体对象的信息，通过主体高度组织化的思维线路，与主体概念库中的"船"这一术语相吻合。于是，主体在思维中就用"船"这一语词指号来表征那个在江上移动的庞大物体，并实现了对该客体对象的认知。换言之，主体无须对自己原有的认知结构本身予以内部调整和改变，就能够在思维中吸收、同化和包容这一外部刺激，完成对外部刺激物即客体对象予以认知的功能。由于外部刺激直接转换为人的思维中的语词形态，我们可以说，外部客体刺激在人的思维中被主体原有的认知结构予以同化（assimilation），根据皮亚杰的发生认识论，我们通常把这种认知机制称为同化机制。

主体对客体认识的过程还会碰到另一种情况。例如，当某一种特异的新奇事物刺激人的感觉和思维时，主体在自己原有的概念库中有找不到适当的、对应的语汇来准确地表征这一外部对象，换言之，外部事物不能与人的认知结构中原有的所有概念直接吻合和匹配。既然认知结构无法直接吸收该外部刺激，为了克服这一困境，主体必须对自身的认知结构进行内部调节，补充乃至改组，以最终顺应对该特异客体在自己的认知结构中予以吸收的功能要求。例如，主体可以重新建构一些新的语词概念和范畴，以便在思维中准确地表述该特异对象的客观性状和特殊的运动形式。当上述对认知结构自我更新的方法仍不足以实现在主体认知结构内部吸收和同化该对象的功能时，主体还可以进一步扩充、改组认知结构本身，等等。简而言之，这种通过对主体自身的认知结构进行自我改变，来顺应客体对象的特殊属性的认知方式，在皮亚杰的发生认识论中，被称为调适或顺化（accomodation）机制，也可称为结构改组机制。这种顺化机制能使主体通过对自己认知结构的不断自我更新，来适应认识客观世界的需要。同化与顺化的相互配合和平衡，使主体极大地深化和丰富了对客观世界的认识能力。

这里，我们还须指出的是，同化与顺化机制各有其不可替代的认识功效和作用。同化机制特别适合于主体对外部世界中周而复始的、循环出现的熟知对象迅速加以处理、分类和编码的功能。但是，同化作用对于非常状态的、突变性的事物，对于旧环境中萌发出来的新鲜事物和异质事物的认知，则往往显得无能为力和难以胜任，这时，顺化机制就有了用武之地。

同化与顺化是两个相互依存和补充的认知机制，但并非对任何主体来说，在任何条件下，两者都处于完全平衡的状态。正如皮亚杰所指出的："当同化胜过顺化时，就会出现自我中心主义的思想，甚至表现我向的思想。"[1]这一论断表明，就某一特定主体而言，同化与顺化这两种机制并非总是平衡协调的。过强的同化倾向与主体认知客体过程中的自我中心主义倾向，存在着一定的

---

[1]《西方心理学家文选》，人民教育出版社1983年版，第32页。

因果关系，这一点对于我们以后的分析研究有着十分重要的启示意义。

中国传统概念思维的三个特点

在对认知过程的两种不同机制作了简略的叙述之后，下面，我们要研究的是，中国近代正统派士大夫面临西方文化的冲击时，他们是把西方事物的刺激通过同化的方式吸收、包容于自己固有的概念系统中，还是采取对其固有的认知结构予以自我更新的顺化方式，来实现对西方异源事物的认识呢？

这是一个十分复杂而又十分关键的问题。在分析和论证这个问题之前，我们必须首先考察一下，中国传统文化中的概念、范畴及语词体系有什么值得注意的特点。

首先，中国传统的理论范畴与概念，一个最引人注目的特点，就是它的意会性。

所谓意会性，就是说，人们并不是通过对某一概念的严格逻辑定义和界说，来把握和认识这一概念的外延和内涵的。换言之，人们不是通过抽象思维的方法，而是通过对该概念的上下文加以直观领会的方法，来潜移默化地把握这一概念的实际涵义。而且，一旦领悟了该概念的涵义，人们仍然不是经由概括的理论语言来对这一概念加以界说和定义。"只可意会，不可言传"，是中国传统哲学范畴与概念的一个重要特点。例如，"仁"、"礼"，是孔子思想中十分重要的范畴，但孔子却从来没有对"仁"、"礼"这些中心概念的意义进行过任何规定和界说。尽管如此，人们却可以从《论语》语录中数十次出现的"仁"、"礼"的相关表述，通过对这些行文的内容加以具体体验，便可以大体上意会到"仁"、"礼"这些范畴的基本内涵。例如，"巧言令色鲜矣仁"，"唯仁者能好人，能恶人"，"能近取譬，可谓仁之方也已"，"志士仁人，无求生以害仁，有杀身以成仁"，"克己复礼曰仁"等等，大体上都从不同侧面把"仁"的内涵展现和勾勒了出来。通过对这些不同侧面的有机整合，我们就可以意会到"仁"的基本意义。

同样，人们也只能运用意会的方法去把握"道"、"气"、"理"这一类范畴的含义。我们的古代祖先似乎从理性萌芽时期开始，就善于从对具体运动中的自然万物的直观形象的感受中，去把握高妙深奥的宇宙运动的哲理；然后，又借助于寓意、形象和比喻，直接表述和抒发自己对这种哲理的体验。有些学者曾指出，中国古人的理论思维方法是从直观体验开始，跳跃过以概念元素的分解与综合为特征的抽象思维阶段，而直接升华为直觉，达到对人生哲理的顿悟。①传统中国人没有充分发展起以概念元素的精密分解与综合为特点的理论思维，但直觉性的意会性思维却超常发达。同样，也正是在这个意义上，"只可意会"与"不可言传"乃是古代中国人思维传统中两个互为因果的特点。

中国传统的理论范畴概念及思维方法的意会性，导致中国传统概念的第二个重要特点，就是它的内涵与外延的非确指性或模糊性。由于概念缺乏逻辑意义上的确指性和规定性，以致出现在后代人看来颇为奇怪的思想现象，即自古以来的传统思想家和学者，都可以凭自己主观上的意会，在不同意义上来使用"理"、

---

① 上海社会科学院哲学所纪树立先生在1984年上海"东西方文化比较讨论会"的发言中提出这一见解。

"气"、"道"、"性"、"命"、"心"、"体用"、"格物致知"这类基本哲学范畴。他们完全不必顾忌旁人和前人是在什么意义上来使用上述概念的。各人使用这些术语时，完全可以按自己的意思赋予这些术语以新的、前人所没有用过的意义。同时，却又不必对自己使用的术语加以重新定义和界说，指出自己的用法与前人的区别何在，仍然可以让别人读完自己的论著后，从上下文中意会该术语的指谓。

例如，在中国传统术语中，"气"便是一个典型的例子。古人根据蒸气和烟雾的游移飘忽、时聚时散的流动状态所产生的联想，来比喻哲理意义上的某种变幻的、游离性的运动状态，除了这种游离性的形象特征外，"气"这一哲学术语并没有任何其他约定俗成的内容上的规定性。因此，任何一个中国传统思想家，都可以把自己认为具有游离状态的流动不居的某种事物，用"气"这一术语来表征之。在孟子那里，"浩然之气"中的"气"，指的是人的内心中潜养着的、能给人以智慧和聪明的道德力量。在董仲舒那里，"气"是神秘的天的意志的表现。在炼丹方士那里，"气"又用来指谓人类身体内的无形的生命力，这种生命力可以自由出入于人的身体。在《荀子》、《淮南子》那里，"气"指的又是构成物质性的天地万物的原材料。在张载、朱熹那里，"气"必须与"理"结合，才能产生宇宙万物。人们对"气"的涵义之所以具有如此巨大的差别，正是因为传统范畴"气"的内涵和外延本身是模糊的、缺乏规定性的。

正因为如此，人们可以相对自由地赋予它们以新的意义，而无须另外创造其他概念来表达自己的思想。例如，《大学》的"三纲领八条目"，把儒家的修身齐家治国平天下的伦理，简化为一个公式。自两汉到明清，几乎所有的思想家，都可以利用这个神圣的公式作为发挥和阐述自己思想的方便的理论框架。①因为"三纲八目"中的"大学之道"，"明德"、"亲民"、"至善"、"天命之性"这类范畴和概念所固有的语义模糊性和意会性，给予人们以充分广阔的解释幅度。以注经方法表达各人不同的思想意念，几乎是古代哲学家们的传统习惯和固有权利。

中国传统的理论范畴与概念的第三个特点，是它的不可离析性或"板块性"。既然一般传统的抽象概念是由一些带直观感性意义的名词通过借喻而演变过来的（例如"道"，即从"道路"中引申过来；"理"是从木纹上的条纹、条理中引申过来；"气"从气雾流动状态中引申过来），因此中国传统的概念术语，往往具有不可分割的"板块"性质，这种"板块"既不能进一步分解为若干独立的子概念，也不能与其他概念综合为新概念。正如蒸气、木纹、道路这些形象用语很难进行概念元素的分解一样。中国传统概念的直觉性很强，这一特点，使传统中国人要表征某一新异事物时，或表达自己思想中某一新观念时，往往不能通过建构新概念的方法来完成这一任务，而只能从原有的概念术语的库存中去寻找相近的术语，近似地表达自己的新观念。因此，用"旧瓶装新酒"的方法，袭用古老的、模糊度很大的术语，并用意会的方法赋予旧的术语以新的涵义，以表达新的思想和表征新异事物，就不能不成为传统中国人表述和认识新异事物的基本手段。

综上所述，中国传统概念一般具有意会性（非定义性）、模糊性（非确指性）、板块性（不可离析性）这三个基本特点。千百年

---

① 侯外庐：《明道编》序，载《明道编》，中华书局1959年版，第4页。

来,中国人生活在以这样一种概念体系为思维手段的文化环境中,人们运用形象而精巧的比喻,同样可以把最深奥复杂的思想,以意会的方式加以表达。例如,朱熹为了让人们理解"理"虽为一,然其具体表现形态却有千千万万这一复杂的命题,就把"理"比作悬在空中的山间的月亮,其光泽却可遍及万水千山。这个关于"月映万川,理一分殊"的著名比喻,足以使最缺乏抽象思辨能力的头脑借此领悟到高妙的哲理真谛,从而领悟圣贤昭示的微言大义。从人们进入私塾的第一天起,"子曰诗云"就从此不绝于耳。然而,令人惊讶的是,反复吟诵之后,其中深奥的圣人哲理,竟会到一定时候一通百通,豁然开朗,最后竟能出口成章,写出文章也不会出什么文法错误,所谓"读时不求甚解,会心在牝牡骊黄之外"。意会性的学习与思维方法,也就这样一代一代地传了下来。

强制性附会:认知西方事物的途径

自19世纪中叶鸦片战争以来,那些"碧眼赤须"的西方传教士、商人和外交官们,在不平等条约的保护下,跨进了中国历来对外封闭的古老城门。他们出于自己的目的,从大洋彼岸带来了西方的科技文化,并向中国人展示新兴的资本主义物质文明的巨大威力。那些只知四书五经中的圣人之学的中国近代士大夫们不得不运用自己的传统认知结构和语言概念来实现对西方文化及西方事物的认识和理解的功能。这无疑是一种从来未曾经历过的新情况。

我们知道,中国近代士大夫承袭的传统认知结构、思维方法及语言概念,是在没有接触西方近代文化的封闭性的历史条件下独立产生、发展并规范化、定型化了的。传统语汇中找不到可以直接地、确切地表述西方近代异质文化事物的现成语词，来作为表述"西方人"、"科学"、"化学"、"技术"这类西方新异事物的概念符号。换言之，通过把西方事物直接同化于原有的认知结构之中的方法来实现对西方事物的客观认知，是不可能的。那么，近代士大夫运用什么方法来克服这种认知障碍呢？

实际上，中国近代士大夫，并没有在主观上意识到这个认知障碍的存在。因为他们在这以前已经用一种习惯的方法自然而然地"解决"了这个困境：由于中国传统概念与范畴具有前面所提到的意会性和模糊性，这就使它们具有一种以延伸其指谓范围的方式来附会异质事物的客观可能性和条件。传统概念是人们通过意会的方式来把握的，近代中国士大夫只要在主观上认为那些近代西方异质事物所表现出来的特征性状，与他们熟悉的某一传统概念的含义雷同或大体吻合，按照他们习惯的思维方法，就可以直接使用这一传统概念作为表征该客体对象的术语。另一方面，如前所述，传统概念术语的内涵与外延本身又是模糊的，缺乏边际条件的规定性与逻辑上的严格定义，因此当士大夫用传统术语直接来表征异质西方事物时，主观上也就不会感到有什么不自然之处。

例如，近代士大夫由于鸦片战争以前闭关锁国的社会历史条件限制，没有见到过西方近代科学，如物理、化学、光学、数学、天文之类，中国传统的概念中也没有与之直接对应的现成语汇，但是，士大夫们主观上认为他们通常熟知的"术数"这一传统概念，在意义上与西方的科学最为接近，于是这个本来笼而统之用来表征阴阳灾异、八卦、占卜、星相、天文历算、奇门遁甲、命相、测字起课以及其他种种预测国家与个人气数命运的方术之学的术语，就可以被用来作为表征西方天文、化学、物理、数学的语词符号。从明万历年间意大利传教士利玛窦传入西方科学起，直到19世纪与20世纪之交，一般正统中国士大夫从来就是用看待传统术数的目光来看待和认识西方近代科学的。一直到了20世纪初，"赛因斯"这个对应于英文Science的音译名词，才代替了"术数"，来履行表征西方科学这一异质事物的功用。而"科学"这一现代汉语名词来取代"赛因斯"，则是20世纪更晚的事情。

基于同样的原因，近代士大夫用"百工技巧"、"机巧"、"艺技"、"杂技"等古代传统概念来表征近代西方资本主义的工业技术，从而把这种代表巨大生产力的新事物与中国传统意义上的营建城郭都邑及制作宫室车服器械的工匠之学视为同一范畴，使两者混为一谈而不必作任何根本的区分。

同样，闯入中国礼仪之邦的西洋人，既然来自"荒远无稽"之地，又根本不理会中国的礼仪法度，因此用历来表征不曾受到礼乐教化熏沐的、粗野无文的异邦人的名词——"夷狄"，来指谓这类远渡重洋的西方人，便是自然而然的了。为了显示这类西方人与历史上来自草原或山野的东夷、南蛮、西戎、北狄的区别，只需在"夷"字之前加上一个"洋"字作为限定语，便足以解决问题。

在大清帝国的士大夫们看来，此类洋夷与中国的交涉，处处悖离"以臣事君"、"以卑承尊"的纲常秩序，且又无恶不作，使百姓生命财产遭到巨大损失。这又很自然可以附会到中国历史上四夷对中原无理侵扰的行为方式上去。因此，鸦片战争以来，人们又用"滑夏"（滑，音gǔ，扰乱之意）来表征这种事态。①同样，

---

① 例如，清代夏燮的《中西纪事》有《滑夏之渐》一卷。

反对和抵抗"洋夷"入侵,自然可以沿袭"尊夏攘夷"的术语来概括之。而鸦片战争,这场封建中国与近代资本主义西方强国之间的国际战争,仍然可以归类于华夏与夷狄之间的战争类型之中。故当时朝野上下,一致使用"剿夷"、"讨逆"之类的提法。

基于同样的原因,西方列强以舰炮为后盾迫使中国签订不平等条约,也可以归类到华夏人与夷狄之间那种传统条约类型中去,从而把西方列强提出的种种要求称为"吁请天恩"。西方资本主义国家商人的通商要求,则可以附会为"商贾之故伎"。与外国的国际通商贸易,则可以用历史上中国与四夷的"互市"、"通市"这类古老术语表述之。基督教与儒家正统纲常分庭抗礼,那自然就是"邪门左道",故也可以一概名之为"袄教"。在近代中国士大夫撰写的种种奏疏、杂著和书信等文献中,人们可以发现这样一个值得注意的问题:凡是论及与西方交涉的有关问题时,凡是提及西方文化及西方事物的有关事项时,几乎全部是使用中国传统范畴、概念的原有古老术语,来直接表述西方异质事物。这些术语在明清以前,甚至在南宋以前几乎早已全部形成。

中国近代士大夫对西方文化挑战的这种反应,是一种特别值得研究的文化现象。它表明,由于传统中国文化的范畴与概念的意会性,外延内涵的边际条件的非确指性、模糊性,使士大夫运用这类概念来表述近代西方异源事物时,就有了用主观上任意扩大传统概念的外延指谓范围的方式来容纳、包容西方事物的可能性和弹性。这是一种十分方便省力地表述中国人从未经见的异质事物的方法。其结果,使西方新异事物立即被轻而易举地归类到中国士大夫原有的认知结构中及范畴体系中,转换为中国士大夫可以直接"理解"的概念形态。这种认知方法,不同于前面提到的同化机制和顺化机制。它表现了认知的一种扭曲。在理应采用顺化调整方法来认知客体对象的时候,士大夫们却仍然沿用同化方法来认知西方异质事物,用古老的概念来"响应"异质事物。我们可以把这种认知途径称为强制型同化机制,或简称为硬性附会方法,以示对上述同化与顺化方法的根本区别。

一旦中国士大夫采用了意会方法,选择"夷狄"来表征近代西方人,即使逐渐意识到西方人并非物质文明发展水平低下的那种意义上的粗野无文,也难以对"洋夷"这一概念进行改建。因为"夷"、"狄"本身是和其他传统语词一样,具有不可离析性。因此,一切西方事物,便不得不"将就"地在这一术语下予以表征。例如:"夷人"、"夷俗"、"夷化"、"夷国"、"夷船"、"夷商"、"夷器"、"夷法"等等,举凡西方事物,均冠以"夷"字。连从事

《伦敦新闻画报》1861年1月5日刊,北京街景,一大群天朝子民在围观"蛮夷"。在城楼前的一个十字街口密密麻麻地站着一大群惊讶不已的北京居民。

总理衙门。"中外禔福"就是中外安福的意思。祈求平安无事,算是晚清外交的真实写照。

国际间的外交事务,也在正式的官方文件中称为"筹办夷务"。这种约定俗成的用法,要经过相当长的时期以后,才能被部分较先进的士大夫摈弃,而代之以另外一些完全不用"夷"字的新名词。而把"洋人"作为"夷狄"来对待的这种先入之见,却在正统派中根深蒂固,难以破除。

这种附会性认知的结果是,由于认识主体(即近代正统士大夫)在对新异事物的客观性状特征及本质属性尚未认知以前,就匆忙地把对象归类于传统范畴术语之中,从而使自己失去了对其性状、属性进行辨识和深入理解的可能性。近代正统士大夫们并没有切实地,哪怕是肤浅地,了解近代西方的科学技术、工业制度、政治制度、民族风俗、文化价值观念以及国际通商贸易法则

这是刊载于1873年《伦敦新闻画报》上的一张以照片为母本的铜版画,标题为"北京外交部"(总理衙门)。照片虽然没有拍摄者,从时间和内容看,应该是著名的英国摄影师约翰-汤姆森1871年初冬拍摄的。其中人物为总理各国事务衙门大臣,自左起:宝鋆、毛昶熙、恭亲王奕䜣、文祥、董恂、沈桂芬、成林。但此时,官员眼中的"夷务"一词已转变成了"洋务"。

和外交惯例等近代新事物,却用硬性附会的方法来表征及描述这些新异事物,于是就使人们的精神状态、心态和意念仍然被笼罩在中古时代的陈旧术语编织的范畴网络之中。这使他们在不知不觉中作茧自缚,并自信这个世界上并没有任何新异的东西需要他们费尽心智去重新认识。既然明明具有新质的西方事物被传统术语层层掩盖起来,他们就自然地认为来自西方的"夷狄"、"术数"、"机巧"、"祆教"完全不出于吾圣人先贤论述的大载大覆之外，以至于他们从来不曾设想要对西方挑战另辟蹊径来重新认识和反省。

此外，这种对西方近代事物的强制附会性"认知"，导致观念与现实的严重悖离。换言之，采用古老的传统术语为"名"，来表述西方近代资本主义文明之"实"，必然是名不副实。此后，中国近代士大夫在西方挑战日益强化、西方文化对中国传统文化冲击日益加深的情况下，不断陷入难以自拔的思维困境，并且总是以观念与现实悖离的方式来错误地应付民族危机，都与这种认知方法的失误有密切关系。

评价西学的价值尺度：来自圣学的投影

当近代正统派士大夫把西方人及西方异质事物附会为"洋夷"、"机巧"、"术数"、"夷学"并进而使之"同化"于自己的传统认知结构后，下一思维步骤，便是对西方的科学和工业技术这类事物进行评价，以决定对它们的取舍了。

人们对具体事物进行评价和取舍，必须依循某种尺度和标准。这种尺度从何而来？大体而言，评价尺度的来源可以通过两种不同的途径取得，一种方式是对有关事实的信息进行归纳，通过信息综合，提出假说，然后考察这一假说能否说明全部事实，并通过把事实与假说进行比较，进而修改、补充和丰富这一假说。这种过程是不断反复的。这一具体运思过程——假说的提出、修改、补充、验证，乃是运思者独立的创造性的发现过程。它本身具有"个人"或"个体"智力的性质。

另一种获得评价尺度的思维途径,则是根据某种先定的信条、原则、规范及外在的权威命题来作为前提,并从这种前提中演绎出针对具体问题的判断尺度和取舍标准。就这一点而言,评价尺度,不是人们通过自己独立的思维和归纳判断取得的,而是在先定的权威规范中早已有之的。例如,一个中世纪神学家心目中的真理,乃是由《圣经》昭示的。用一个比喻来说,真理仿佛是天上的理想王国在人间的投影。

中国传统士大夫的思维运演方式,属于哪一种类型呢?显然,自西汉罢黜百家,独尊儒术以来,中国传统士大夫的运思方法就大体上具有如下的特点:

首先,以"尧舜周公孔孟之道"即"圣人之学",作为获取判断尺度的来源和最终依据。人们判断是非、曲直、善恶、真伪的尺度,是从先贤明哲的四书五经中严格推衍、派生出来的,并不需要人们运用个人的理智独立去发现。这些尺度、准则和规范,作为千古不变的大经大法,早已由古代的圣贤们记载于"六经语孟"之中,并巨细无遗地昭示给后人了。从朱熹所称"圣人之学""继天立极"①,到近代士大夫叶德辉的"孔教为天理人心之至公"②,都表明这些圣学法则具有超越一切时代和地域的性质。而且,这些"终极真理"一旦被圣贤明哲发现,以后也不可能有一丝一毫的增加和损减。据朱熹《中庸章句序》,(尧舜禹)"以天下之大圣,行天下之大事,而其授受之际,丁宁告戒,不过如此,则天下之理,岂有以加于此哉?"这足以表明圣学原则的永恒普遍

---

① 朱熹:《大学章句序》。
② 叶德辉:《明教》,《翼教丛编》卷四。

性和稳定性。清末正统派人士朱一新称:"五经四子之书,日用所共,如水火菽粟之不可缺,无论今文古文,皆以大中至正为归,古今只此义理,何所庸其新奇,闻日新其德,未闻日新其义理也。"①另一个正统派叶德辉也称:"考之六经,从未闻弃旧如遗,悍然以开新为务者。"②这些论断都反映了作为判断尺度的儒家信条的先验性。

这些先验性的原则与人们日常生活中的万事万物的关系,实际上是前者对后者的单向性的"投影"和"渗透"关系。只需引经据典,就可以从圣贤的大经大法中演绎和派生出日常所需的行为准则和价值规范——"太虚一理,形为万物,散为万事,合则治,离则乱,顺(之)则正,悖(之)则邪。……所谓要领者,亦理而已"③。这正是理学关于义理对万物"投影"关系的明确阐释。因此,在正统士大夫看来,对义理的任何偏离,只能是邪恶、丑陋、虚假和混乱。

因此,实际生活中所必需的具体知识和判断,并不是人们对现实生活独立观察的结果,而是从圣人之学的一般原则中"投影"演绎出来的结果。例如,一位正统士大夫在光绪九年(1883)所上的奏折中,在列举了内外交困的种种问题与大量时弊之后,便指出解决问题的关键就在于皇上应像康熙皇帝当年平"三藩之乱"时那样,"亲御经筵,熟读六经"。在他看来,这是一个简而易明、约而可守、体用兼赅的途径。他认为只需这样去做,一切困难自然迎刃而解,接下来就必然会出现一个"靖内攘外,诸务次第振

---

① 朱一新:《复张孺第四书》,《佩弦斋文存》卷上。
② 叶德辉:《读西学书法书后》,《翼教丛编》卷四。
③ 徐明善:《读史要略》,《芳谷集》卷三。

兴"的安泰局面。①

引用这一段话,并非因为它有什么新意,而恰恰相反,是因为它没有任何新意。千百年来,各个朝代的士大夫面对社会矛盾,都是以同样的方式,甚至用同样的语言,诚挚地向皇帝发出同样的呼吁和恳请。在正统士大夫们看来,在这个世界上,没有任何有关治国平天下的普遍原则不曾被圣贤发现,也没有任何新的普遍原则需要我们发现。所谓"天下唯道与事而已"、"天理人情终古不变"、"数穷理极必返其本",反映的正是传统士大夫凝固化的思维模式。

一方面,我们应看到,从秦汉到南宋的漫长历史岁月中,封建社会赖以长治久安的一般政治原则,如求贤、亲君子、远小人、慎守吏、修养心身、安民靖边、经筵讲学、抑商重农,等等,均可在"六经"及程朱语录中找到演绎的最终依据,从而显示出圣人之学对应付传统社会各类问题的作用和适应性。这种适应性被传统士大夫一代复一代的认识体验。这样,引经据典来判断现实事物的邪正,这种运思方法和途径,也凝聚为一种顽强的、硬化了的思维习惯,沉淀于秦汉以来,尤其是南宋理学出现以来正统士大夫的认识心理结构中。久而久之,他们对什么是旁门左道、异端邪说、妖诞怪语,什么是圣贤世守的大经大法,具有十分发达的分辨神经和能力。根据圣学作为"投影",演绎依据的思维习惯,几乎成了一种条件反射。另一方面,对于未知世界的好奇心,对于探索大自然与人类社会规律的奥秘所必不可少的怀疑精神和屈原式的上下求索精神,以及与这种求索精神相应的求异思维和

---

① 屠仁守:《敬献刍言疏》(光绪九年一月),《屠光禄疏稿》卷一。

创造思维，由于在现实中没有立锥之地而相应地萎缩和退化了。虽然理学产生初期，也曾因其历史合理性而造就了若干具有高度道德修养和历史使命感的大儒（例如，张载就曾发出"为天地立心，为生民立命，为往圣继绝学，为万世开太平"这种前无古人的豪言壮语。作为中国历史文化发展的一个自然阶段，理学在包括"天人合一"的伦理哲学方面，也有过其历史的合理内核），然而被理学进一步强化了的尊古原则及圣学"投影式"的运思方法，千百年来，在士大夫头脑中根深蒂固地积淀下来，并在深层意识中无形地支配着人们的运思过程。到了清代中后期，除了寥若晨星的少数杰出人物，大多数士大夫已经无法摆脱这种传统运思规则的束缚。清末的唐才常曾以一种辛辣的笔触来刻画清末那些"读书酸子"思维方法的迂腐不堪，他指出：那些士子的心目中，"十六字心传，五百年道统，及纲常名教、忠孝节廉、尊中国、攘夷狄，与夫尧、舜、禹、汤、文、武、周、孔之道脉，填胸溢臆，摇笔即来，且嚣嚣然曰：圣人之道，不外乎是。"[1]毋庸置疑，"圣学投影"演绎式的思维方法，对这种僵化的社会人格的形成有着严重的消极影响。

观念与现实的悖离

现在，我们可以分析中国近代正统士大夫对西学的排斥态度，是通过怎样的认识心理过程和机制实现的了。

这种思维过程的第一步是，士大夫以强制性同化的认知方法，

---

[1] 唐才常：《时文流毒中国论》，《唐才常集》，中华书局1980年版，第161页。

把近代西方的种种异质的新奇事物,在思维中分别归类到传统的范畴、概念中去;然后,第二步则是,从"万世不易"的圣人之学中直接推衍出评价西学的尺度。这样,一旦"强制同化"的认知方法与"圣学投影"的思维运演法则结合为一体,其结果,势必导致排斥、拒绝和否定西学的基本倾向。

下面,让我们具体考察一下这一过程。

如前所述,西方列强在近代士大夫思维中被同化、附会于"夷狄"的范畴之中,西方政教则被视为"夷俗"。那么,根据尧舜孔孟之道,"吾闻用夏变夷者,未闻变于夷者也"①,士大夫就理应把排斥西方"现代夷狄",视为道义上的责任。同治、光绪时代,以清议自诩的正统人士"痛诋西学,目为异类"②,其理智上的依据就在于此。在他们看来,从事"铁路制造",则为"用夷变夏"③。而办理洋务则属于"沉迷夷俗"④。郭嵩焘出使英伦,则被视为"去父母之邦,入犬羊之国"。以副使身份随同郭嵩焘出使欧洲的刘锡鸿,则自负以"攘斥夷狄"为己任。⑤大学士倭仁在同治年间抵制创建京师同文馆,其奏议中立论的依据就是:"读书之人,讲明礼义,或可维持人心,今复举聪明隽秀、国家所培养而储以有用者,变而从夷,正气为之不伸,邪气因而弥炽,数年之(以)后,不尽驱中国之众咸归夷不止。"⑥

---

①《孟子·滕文公上》。
②唐才常:《上欧阳中鹄书》,《唐才常集》,中华书局1980年版,第228页。
③唐才常:《上欧阳中鹄书》,《唐才常集》,中华书局1980年版,第228页。
④褚成博:《变法宜先变人心折》,《坚正堂折稿》卷上。
⑤郭嵩焘:《致黎纯斋》,《养知书屋文集》卷十三。
⑥引自《国朝柔远记》卷十六。

这种把近代西方诸国一概视为夷狄的观念，从认知心理角度而言，是从历史上夷狄观念中直接引申过来的。我们可以从当时士大夫中一些开明派人士对正统派上述观念的批评中找到根据。

例如，曾纪泽指出："平心而论，（西洋诸国）亦诚与岛夷、社番、苗猺、獠獛，情势判然。又安可因其礼义教化之不同，而遽援尊周攘夷之陈言以鄙之耶？"①

郭嵩焘也指出："三代盛时，圣人政教所及，中土一隅而已，湖南、江浙，皆蛮夷也。……是所谓戎狄者，但据礼乐政教所及言之。其不服中国礼乐政教，而以寇钞为事，谓之夷狄。为其倏盛倏衰，环起以立国者，宜以中国为宗也。非谓尽地球纵横九万里，皆为夷狄，独中土一隅不问（其）政教风俗何若，可以凌驾而出其上也。"②

这种把近代欧美列强视为夷狄的观念，按郭嵩焘的说法，正如同"今人与奴隶盗贼同席坐，则惭且怒。审知其非奴隶也，即惭与怒立释"③。这一比喻生动地揭示了正统士大夫认知上的错误，导致一种认识心理和文化心理上的严重阻碍，以至不能在险恶的国际环境中合理地确立"所以自处与处人之道"④。

从一方面来看，认识心理上的这种障碍，在西方列强的侵凌步步紧逼的历史条件下，在正统士大夫中间很容易激发起一种盲目虚骄的排外心理定势，造成"人之富强，弗问也，己之贫弱，

---

① 曾纪泽：《巴黎复陈俊臣中丞》，《曾纪泽遗集》，岳麓书社1983年版，第194页。
② 郭嵩焘：《复姚彦嘉书》，载朱克敬《柔远新书》卷十六。
③ 郭嵩焘：《复姚彦嘉书》，载朱克敬《柔远新书》卷十六。
④ 郭嵩焘：《复姚彦嘉书》，载朱克敬《柔远新书》卷十六。

弗知也,但一言外交,则'夷耳夷耳',不知我之夷彼,而彼且夷我于三等土蛮也"①。在以后几章里我们将会进而分析这种盲目虚骄情绪,自光绪初年以来,如何在正统派士大夫中日益滋长,并在后来发展为一股非理性的国粹思潮。

另一方面,以"强制同化"与"圣学投影"相结合的认识机制来应付西方挑战的方式,在同治、光绪时代的另一部分正统士大夫那

郭嵩焘

里,却又可能导致他们走向另一种盲目乐观的迂腐极端。在光绪中期之前,朝野士大夫中存在过一种可以姑且称之为"泛教化论"的观点,反映了这种畸形社会思潮。曾国藩的幕僚李元度,曾淋漓尽致地发挥了这种观点。他认为,既然孔孟之教,"为天地立心,为生民立命,乃乾坤所系以不敝者也"②,那么洋夷就决不可能长久"自外"于尧舜孔孟之道而不受这种"普遍真理"的感化。③而且圣人有教无类,也决不忍心让"洋夷"始终处于"野蛮状态"而不去对他们施以教化。那些"际天并海之夷,以千百国

---

①唐才常:《各国猜忌实情论证》,《唐才常集》,中华书局1980年版,第127页。
②李元度:《国朝柔远记·李序》。
③李元度:《国朝柔远记·李序》。

计,皆人也,有血气,即有心智,皆可以人道治之"①。如今"天诱其衷",使其"朋游于中土,而渐近吾礼义之俗,彼自知前者之蔑弃伦纪,不复可以为人"。"目下泰西诸国皆能识华文、仿中制,译读四子五经书,丕变其陋俗。"②

中国近代士大夫中的某些人士,其观念与现实的悖离达到如此程度,不能不使后代的人们感到惊讶。但是,我们只需从正统士大夫的思维方法上来加以考察,就不难理解,为什么像彭玉麟这样的"中兴名将"和像俞樾这样的乾嘉学派大师,都曾成为"泛教化论"的积极提倡者。俞樾在为《国朝柔远记》作序时提出一个"大九州说"的观点,有助于我们研究士大夫得出"泛教化论"的思维特点。该文大意是:古人早已说过,天下分为大九州,神州是大九州之一,黄帝以来,中国教化文明仅限于神州以内,后世的人已渐遗忘大九州之说。如今泰西诸国与中国交往,带来中国之外还存在有欧罗巴、利末亚、阿细亚、南北亚墨利加等大洲的消息。海外各大洲的发现,恰恰印证了先儒关于天下有大九州的说法是千真万确的。既然神农以上统治大九州的是中国圣人,天下大势,久合必分,久分必合,远夷如今已纷纷前来中国,可见,中国势将出大圣人,以恢复神农氏时代天下大一统的旧观。③

从上述推理过程,人们可以发现,俞樾首先以"强制同化"的认知方法,把世界五大洲附会到晋人《帝王外纪》的大九州的概念之中,以便运用"圣人之学"作为演绎判断的前提条件。接

---

① 李元度:《答友人论异教书》,见(葛士濬编)《皇朝经世文续编》,光绪十四年(1888)版。
② 李元度:《国朝柔远记·李序》。
③ 俞樾:《国朝柔远记·俞序》。

着,便以"天下中心论"、"天下久分必合论"、"圣人君临论"作为具体演绎的大前提,从而得出中国儒家圣人必将统治包括"洋夷"在内的全世界这一结论。

根据这种"泛教化论","洋夷"自然会被中国圣人之教所吸引和召感,而中国人是无须问津西学的。又例如,朱克敬正是以这种"泛教化论"作为前提来进行论证的:

> 近日学西方者,多糟粕程朱,秕糠孔孟,赞美夷人,以为事事胜于中国,用夷变夏,即可自强,此大误也。……今我方舍旧谋新,而彼乃广购经史,教其国人诵习,我专学彼之短,彼尽得我之长。则强弱之势愈悬,猾夏之祸愈烈,不数十年,衣冠礼义(仪)之邦,将成兽蹄鸟迹之区,此鄙人所大惧也。①

因此,在洋夷面前,我们无须改变传统中国文化中任何现存的规范和原则,只需按圣人之学去"反(返)其本",那么一切内外交困的问题,都可迎刃而解,无须去"舍旧谋新"。所谓"返其本",就是"省刑罚,薄税敛,使士者皆欲仕于朝,耕者皆欲耕于野。商贾皆日(欲)出于其涂,邻国之民皆仰之如父母,如此者,在孟子时不过朝秦楚、莅中国,在今日则虽统大九州(岛)而为之君,不难矣。"②

正统派为应付西方挑战制定的基本战略就是"返圣学之本",

---

① 朱克敬:《谬戒》,《柔远新书》卷四。
② 俞樾:《国朝柔远记·俞序》。

而不必理会那些迟早会被我们圣人的礼乐教化所同化的洋夷,更不必去模仿洋夷的风俗和末技。洋人尽管可以嚣嚣然于一时,但他们最终也必然只有"返其本"这唯一的归宿。因为圣学就是天理,放之天下皆准,而"天理人情则终古不变",洋夷归化只是时间早晚问题。这些士大夫对洋人归化的前景是如此乐观,以至于一位叫邓嘉缉的士人认为,"中国之道,如洪炉鼓铸,万物都归一冶,若五胡,若元魏,若辽金,若金元,今皆与吾不可分辨也。他时(洋人)终必如此。"①

近代士大夫的国粹思潮,不仅仅表现在对西方列国及西方人的盲目虚骄态度上,而且还大量表现为对西方近代科学技术与物质文明的否定与排斥的消极态度上。从他们的认识过程而言,造成这种消极态度的原因,则是与他们把西学附会为"机巧"、"术数"密切有关。

如前所述,在以"义理"为核心建立起来的理学价值体系中,"义理"为根本,而"机巧"、"术数"、"艺技"则只能归于"末"的价值范畴中。既然正统士大夫把西学判别为"机巧"、"术数"、"艺技",而对后者的价值判断就只能按"圣人之学"的本末观来加以演绎了。同治中期,大学士倭仁反对在京师开设同文馆。他的这份著名奏疏中的议论具有典型性。倭氏认为:

> 立国之道,尚礼义不尚权谋。根本之图,在人心不在技艺。今求一技之末,而又奉夷人为师。无论夷人诡谲,未必传其精巧,既(即)使教者诚教,学者诚学,所成就者,不

---

① 邓嘉缉:《复杨缉庵书》,《扁善斋文存》上卷。

过术数之士。古今未闻有恃术数而起衰振弱者。①

西学既然被判识为"术数",在"圣人之学"中,"术数"又属于"本末"观中的"末"的范畴,因此,西学就是一种消极的末技。它决不可能"起衰振弱",甚至往往还是冲击、干扰"义理"的有害之物。例如,清流党人徐致祥在光绪二十四年（1898）正是沿这一思路引申出反对变法的保守结论：

中国二十年来,号称通达时务者,动挟以西学惑世诬民,因缘为奸。……愚以为西人所资以富强者,法也,术也,艺也,不足以言学也。其自毙可立待也。②

同样的分析方法还可见诸朱一新的下述议论：

今（有人）不揣其本,而漫云改制,制则改矣,将毋义理亦与之俱改乎？百工制器之事,艺也,非理也。人心日伪,机巧日出……今以艺之未极其精,而欲变吾制度以徇之,且变吾义理以徇之,何异……拯溺而入于渊,是亦不可以已乎？③

退一步而言,在正统派看来,即使西学作为术数有其作用和功能,但中国已有自己的术数,既然同为术数,何必舍近求远,

---

① 引自《国朝柔远记》卷十六。
② 徐致祥：《沥陈愚悃请释众疑折》,《嘉定先生奏议》卷下。
③ 朱一新：《复长孺第四书》,《佩弦斋文存》卷上。

舍己从人？例如，倭仁在前面所提到的同一奏议中称："天下之大，不患无才。如以天文算学必须讲习，博采旁求，必有精其术者。何必夷人，何必师事夷人？"①这一思路，在屠仁守一段关于西学的奏疏里表现得更为具体：

> 西学之擅长者，亦精于天算格致。其学固中国所有，而尤得其统宗。即如算在六艺，古者次于德行。……汉多治历之士，唐有明算之科……周程张邵朱子数大儒继起，根极理要，尤莫不以格物致知为先务。是则中土伊古教法，体用赅贯，初无遗阙。且凡西土递创西法，动谓中土所未闻者，如地圆、地动、地转之说，《大戴礼》、《尚书考》、张子《正蒙》皆言之凿凿。光学则《墨子》经上经下篇奥指可寻。且在西人未悟其理以前。初非取资西法。若加以测验，又何物不能格，何事不能精。……不患无师，患不学也。②

通过以上分析，我们可以发现，当正统士大夫采取"强制同化"与"圣学演绎"相结合的方法来理解和处理近代西方异质事物时，他们往往可以通过两种相反的途径，来实现对该对象价值的否定和排斥。

第一种方式是，先把该对象附会为"夷狄"、"术数"，然后用"尊夏攘夷"、"内夏外夷"、"用夏变夷"以及"义理为本，术数为末"的先验性的圣学原则为大前提，演绎出对该对象的否定性结

---

① 引自《国朝柔远记》卷十六。
② 屠仁守：《奏陈变通书院章程疏》，《屠光禄疏稿》卷四。

论。例如，前面倭仁反对开设同文馆的奏议即属此类。

第二种方式是，对于新异的、业已在中西交涉中显示出无可否认的实际威力的西方事物，则把对象附会为圣学中早已记载或中国古已有之的东西。然后，仍然从圣学原则中演绎出不必仿效西方的结论。例如，"大九州"观念、"泛教化"论、天算格致为"中国所有，而尤得其统宗"、"西学自中国传出"等等论断即属此类。

以上两种途径，分别以否定性的和包容性的形式，对西方事物加以意会的理解。然后，又以不同方式，对该事物进行排斥和摈弃。

在同治、光绪时代，在西方文化挑战日益加强，民族危机日益加深的历史条件下，同治、光绪时代的正统士大夫采用"同化—演绎"思维方法来应付西方挑战，导致观念与现实的极度悖离。这种思维方法不能使主体认知客体对象的性状、属性，反而成了人们应付环境的严重阻碍。

中国近代正统派士大夫是一个颇为奇特的阶层。这些满腹经纶、知书识礼的读书人，在西方挑战的强烈冲击和刺激下，始终难于在观念上适应变化了的历史环境。这并非由于他们的智商低下。面对西方列强的侵凌，他们中大多数人也并不缺乏保国保种的激情和使命感。他们的顽固、守旧，远远超过后人的想象。传统观念的惰性，在当时是如此强大，不仅仅因为他们的价值体系以小农自然经济为后盾，而且正如本章所分析的，还以顽固的认知心理结构与思维运演机制的相互配合为基础。

这种认知思维方法是如此根深蒂固，几乎像是正统派士大夫的生存本能一样难以分离。人们甚至可以以颠倒的方式来理解现实为代价，来维持他们所崇信的尧舜孔孟之道信条原则的不可动摇性。正统士大夫在认识上的颠倒、错乱和悖离，必将遭到历史的无情报复。

第三章
一位清朝公使眼中的西洋文明

> 西洋如豪商大贾、金宝充溢,挥霍恣肆,凡其举止应酬,役使傔仆,动用器具,皆为诗书世家所未经见,然终不如诗书遗泽之远。
>
> 〔清〕刘锡鸿:《缕陈中西情形种种不同,火车铁路势不可行疏》

身处异域的国粹派

在这一章里,我们将对一位名叫刘锡鸿的士大夫的思想进行剖析,以便更具体地考察一下,在一个国粹派人士身上,传统的认识心理机制与尊己卑人的文化优越意识之间是如何发生相互影响的。分析这种认识心理与文化心理之间的相互依存关系,有助于我们认识中国近代正统派士大夫的国粹倾向极度顽强的原因。

刘锡鸿是中国历史上第一任驻柏林公使。他是广东番禺人,咸丰同治年间曾在京城做过刑部员外郎的小官。光绪初年,郭嵩焘奉旨出使英伦,以了结英国传教士马嘉理在云南被杀的案件。刘氏求为郭嵩焘随从,经郭氏向朝廷推荐,刘锡鸿被朝廷任命为副使,光绪二年(1876),随同郭嵩焘出使英伦,后来又改任驻柏林公使。

这位曾倚重郭嵩焘之力取得出洋资格的刘大人一到欧洲，就处处显示出他是郭氏在思想见解上的死对头。两个人冤家路窄，几乎如同冰炭一样互不相容。郭嵩焘作为近代中国士大夫中最早的开明人物，在自己的日记中毫不掩饰对刘锡鸿国粹立场的厌恶和反感。他认为："公使涉历各国，正当考求其（国）有益处，不似刘钦差身行数万里，见闻尽广，一意反手关自己大门。""其心必不欲使中国窥见西洋好处"，"一力拦阻人前进而已"①。而刘锡鸿在出洋期间，则先后向朝廷上了十封奏折，对郭嵩焘猛烈抨击，指斥他"蔑视国家制度，而取笑于洋人，是为无君"。郭氏无端受到攻击，内心极为愤懑而又无可奈何，以至"郁郁成病"②。由于两个人在国外不断发生龃龉，清廷同时命令两人调离返国。刘氏把自己的出使经历及观感记载于《英轺私记》等论著中。

刘锡鸿这个人物之所以值得我们注意，是因为他作为首批驻外使节，在欧洲近两年的外交生活经历，并没有使他原来的国粹立场有任何变化。光绪七八年间（1881—1882），恰值清廷内部环绕建造铁路的利弊问题展开激烈的论争，刘氏又以一个亲自出洋考察过的官员，呈交了一份《缕陈中西情形种种不同，火车铁路势不可行疏》。③刘氏在该奏疏中竟列举了"势不可行者八，不利者六，有害者九"的二十三条理由，极力反对建造铁路。④连对立派人士也称这份奏议"笔力横恣，推阐淋漓，绰有战国策士之风，

---

① 《郭嵩焘日记》第三卷，湖南人民出版社1982年版，第638页。
② 《郭嵩焘日记》第三卷，湖南人民出版社1982年版，第376页。
③ 参见翁同龢：《翁文恭公日记》册二十七，光绪十三年（1887）四月廿九日。
④ 《皇朝经世文续编》卷一〇三。

在无识者观之,鲜不为之眩惑"①。该奏疏显然对以慈禧太后为首的清廷在铁路建造问题上采取消极立场有过相当重要的影响②。

为什么一个耳濡目染西洋先进文明种种新鲜事物的士大夫仍然如此顽固地坚持自己原来的国粹立场?西洋世界的种种信息,曾如此强有力地作用于他的感官细胞和大脑,为什么这种文化冲击居然没有对刘锡鸿原来的观念和立场产生影响?从文化思想史角度而言,这实在是一个值得研究的问题。

像倭仁、李元度、徐致祥这样一类士大夫,从来没有越出过国门一步,处于对外封闭的社会环境中,发一通"用夏变夷"的大言高论,对他们来说是决不会感到任何不安的。然而,对刘锡鸿这样的驻外使节来说,情况就应该完全不同。这位刘大人受到的是传统文化训练,笃信的是三纲五常的圣人之学,一到英伦,突然置身于另外一个绝然不同的文化之中。这是一个从语言文字、人种肤色、饮食服饰、街市建筑、日用器皿,到生活习俗都完全不同的新世界。一个强大的西方近代文明社会不仅以其绚丽多彩的容貌展现在他面前,而且他还不得不在其中生活下来。单单这种近代西方文化与传统中国文化的强烈对比,对刘氏这样的旅居者所产生的巨大心理冲击,就是我们现代人很难想象和体会的了。在伦敦和柏林,他作为来自中国的使节,受到与其身份相当的外交礼遇。他还受到英国维多利亚女皇和德国、比利时国王的接见。哥特式的大教堂,富丽堂皇的白金汉宫,印报机以每小时印七万份报纸的速度风驰电掣的运转,上下议院的政治辩论,化学、光

---

① 钟天纬:《中国创设铁路利弊论》,《皇朝经世文续编》卷一〇三。
② 《唐才常集》(中华书局1980年版,第71页),有云:"光绪初元,议开铁路,异论甫平,刘锡鸿煽之。"

学与电学实验,整洁无垢的市容,彬彬有礼的伦敦市民,凡此种种中国人未曾见过的新奇事物,不断地刺激着刘锡鸿的神经。这一切迫使他的认知结构不得不对他所看到的客观现实作出解释,隔岸观火般的空谈"内夏外夷"、"尊夏攘夷"显然已经无济于事。当刘锡鸿用自己在国内所接受的那种正统教育及思维框架来评价他亲眼看到的西方近代文明时,他自然面临着那些没有亲自到过西洋诸国的士大夫所不曾遇到的困难。

活生生的先进文明显然不能被传统的认知结构直接解释,为了摆脱思维上的严重困难,在他面前似乎有两种可能的选择:

第一种选择是,在强有力的西方近代文明的铁的事实面前,承认这种文明是先进的。这就同时意味着必须与华夏中心观念、礼乐教化至上观念、用夏变夷观念等传统范畴概念决裂。在文化心理上,往往会伴随出现一种精神上的震动和不安,紧接着产生的将可能是一种积极学习西方文化的热情和与西洋人并驾齐驱的进取愿望。

另一种可能的选择是,刘氏对西方近代文明取得的不可否认的成功,依尧舜孔孟的圣人之学,作出一种言之成理的解释。只要这种解释对刘氏本人来说能够自圆其说,他就可以心安理得地再一次认为,圣人之教具有普遍有效性,因而是无须针对西方挑战而予以任何改变和补充的。如果这种认知思维活动和解释活动获得了他自以为的成功,他就可以顺利地避免思维中的困境。即使身处异域,面对令人眼花缭乱的西洋文明,他仍然可以像在国内时那样,心境平静,保持正统立场而安之若素,免除由于西洋文化的强烈冲击而产生的不安和焦躁。

当我们对刘锡鸿的《英轺私记》及其归国后写的其他论著进

行分析之后，我们就会发现刘氏显然采取了第二种选择来解决他碰到的难题。他之所以能够实现这一点，是因为作为圣人之道的核心与根基的"仁"、"义"两个基本概念，被他用来包容西方政教的长处。一旦西洋文明的种种显而易见的优点被刘氏通过强制性同化的认知方法，附会于儒家传统的"仁"、"义"之类的基本范畴之中，儒家政治哲学与伦理纲常的普遍有效性和尧舜孔孟之教也就经受了西方文化的挑战，无须加以改组和作任何内部的调整。

在刘锡鸿那里，传统儒家文化中的"仁"、"义"这两个范畴为什么能显示出如此巨大的包容力与弹性，以至于竟可以对西洋文明进行附会性的解释？刘锡鸿在英国伦敦参观电学实验之后，曾有感而发地写下了一段关于"仁"、"义"的议论。我们切不要因为它没有什么新意而视为老生常谈，分析这段话的含义，对认识刘氏国粹主义立场何以如此坚韧，无疑具有重要意义。这段冗长议论的大意，我们可以用现代人的语言概括如下：

——圣人之教，可以归结为仁、义二者。仁，就是人心固有之纯善；义，就是待人处事的自然条理。它们是维系一个社会的正常秩序决不可少的东西。

——在一个社会里，人与人之间必然要相互发生君臣、父子、兄弟、夫妇、朋友等五种关系。由这五伦表现出来的社会秩序，首先是相互依存。例如，君没有臣，则如同失去手足；臣没有君，则如同失去头目。五伦之间相互联属和亲爱，这种彼此的爱恤感情和善心，也就是仁。另一方面，社会上的五伦关系，还必须靠上尊下卑的等级秩序来维持，尊者自尊，卑者自卑，彼此各安本分，自我约束，不相侵，不相凌，这种社会伦理秩序就是义。

——由此可见，仁、义是维系社会和谐的最根本原则，仁使天下百姓彼此结合，不相弃，不相害，义则使天下人民各安其分。一家如此，则家安，天下如此，则天下安。如果不是以仁、义来维系社会，其结果，就是君臣互为残贼，父子互为伤夷（痍），兄弟互为摧剥，夫妇朋友互为戕杀，天地为之扰乱而不能帖然于其位。圣人之教的作用，孰大于是？孰实于是？①

因此，在刘锡鸿这样的正统士大夫看来，仁义之教，具有奠安宇宙，助天地惠育万物之功用。难道西洋社会就没有君臣、父子、兄弟、夫妇、朋友？如果西洋社会不用仁与义来维系与调节以上五伦关系，又如何能避免相互伤残、摧剥、戕杀？不能设想，宇宙、天下、社会，没有纲常而可以存在一日。也不能设想，仁义纲常存在一日而天地万物则可以毁灭不存。换言之，以仁义为基本内核的儒家思想体系，是可以解释一切人类正常活动过程的完美无缺的伦理体系。宇宙中一切至善至美，都是由于符合了仁义的价值准则所致，一切丑恶行径则是由于违反和悖离了仁义准则而造成的。

既然"仁"、"义"的基本原则具有对全人类的普遍适用性，而"仁"、"义"这些传统哲学中的抽象概念，正如我们在前一章里已经分析过的，具有意会性、模糊性的特点，那么这就可以自然而然地导致一个重要结果：即当刘锡鸿要对西洋社会的种种政俗作出解释时，凡是被刘氏视为有助于协调社会各阶层相互关系的政府措施，凡是可以缓冲、柔化社会矛盾的种种社会福利政策，均可以被归类到"仁"的范畴中；凡是被刘氏视为社会成员安分

---

① 刘锡鸿：《英轺私记·观电学有感》，湖南人民出版社1981年版，第107页。

守制地约束自己，以符合社会秩序和规范的社会化行为，则可以归属到"义"的范畴之中。

下面，让我们看看刘锡鸿是怎样具体进行这样一番思考的。

为什么中国士大夫不必讲求西学

首先，刘氏本人也承认他亲眼看到的英国政俗也有若干可以称道之处。在旅居英伦时，他写道："到英伦两月，细察其政俗，惟父子之亲、男女之别全未之讲，自贵至贱皆然。此外则无闲官，无游民，无上下隔阂之情，无残暴不仁之政，无虚文相应之事。""两月来，拜客赴会，出门时多，街市往来，从未闻有人语喧嚣，亦未见有形状愁苦者。"①

因此，他认为："今西洋之俗，以济贫拯难为美举，是即仁之一端，以仗义守信为要图，是即义之一端。"②刘氏由此进而认为，如果西洋人能凭借他们已经明了的圣人道理，继续推广而发扬之，就可以步入圣教之堂奥，从而可以实现一个蔼蔼秩秩、雍穆整齐的社会。③

西洋政俗之所以被认为是遵循了圣人之道中的仁义原则，正是因为刘氏把"仁"的"爱民恤物"用来包容西方资本主义社会的"济贫拯难"，又把儒家的"义"来附会西洋诸国的"仗义守信"。这样一来，西洋文明的政俗之美，则变为对孔孟仁义学说包容力的明证。

---

① 刘锡鸿：《英轺私记·总论英国政俗》，湖南人民出版社1981年版，第89页。
② 刘锡鸿：《英轺私记·观电学有感》，湖南人民出版社1981年版，第109页。
③ 刘锡鸿：《英轺私记·观电学有感》，湖南人民出版社1981年版，第109页。

一个远离中国的西洋社会,其政教风俗为什么会与我们中国的圣人之教相吻合呢?刘锡鸿对此的解释是:

> 我大清乾隆以前,遐荒效顺,重洋慕化……今英国知仁义之本,以臻富强,未始非由久入中国,得闻圣教所致。①

正如我们在前一章所指出的,正统士大夫的强制性同化与圣学演绎,本是一个思维过程的前后两个环节。因此,当刘氏用"仁义"来附会西方政俗中的某些长处之后,接下来,把"声教迄于四海"的文化传播原则作为演绎的大前提,并以此来解释英国何以知"仁义之本"这一域外的现象,对刘锡鸿来说,便是自然而然的了。

刘锡鸿的上述解释,对他本人来说,出现了奇异的效果。刘锡鸿亲眼目睹西洋政俗之美的客观事实,不但没有构成对刘氏"礼教至上"观念体系的冲击和威胁,反而因为这些客观事实被刘氏判断为英国"得闻圣教所致",从而变成孔孟之道"威行四海"普遍有效性的强有力证明。在刘氏看来,面对种种西洋社会强盛的事实,人们不但不必因中国的落后而自惭形秽和忧心忡忡,相反,西方越是强盛,其政教风俗越是有可以称道之处,就越能增强我们"用夏变夷"、"天下中心"、"礼教至上"的信念。于是,刘锡鸿不但避免了西方文明对他本人心理上的冲击,反而由于其认知——思维方法上的奇特机制,进一步强化了自己从国内带出

---

① 刘锡鸿:《英轺私记·与波斯藩王论强弱》,湖南人民出版社1981年版,第121页。

来的国粹信念和立场。

既然西洋政俗有如此长处,而且这些长处是由于西洋诸国受我们圣人之教感化和熏沐所致,那么我们中国人是否可以直接师法西洋,使自己也达日臻富强之境呢?刘锡鸿的答案是否定的。按他前面的看法,西洋政俗即使有其所长,也只不过学得尧舜孔孟之教的一点"端倪",离圣学堂奥的博大精深还十分遥远。按他的说法,"西洋之政,如教艺,课工,矜孤济贫,禁匪捕盗,恤刑狱,严军令,饬官守,达民情等类,与我中国致治之道多有暗合者。"①既然我们中国是圣教故乡,自古以来中国都以圣人之道为立国根本,而西洋诸国也仅仅是从我们中国这里获得圣学的启迪,才达到"暗合""中国致治之道",达到"仁义"的"端倪",并渐渐摆脱了一些"夷俗",但西洋与中国大清王朝,在遵循圣人仁义之道来安邦治国方面,其深浅度,简直是不可同日而语的——千百年来,我们中国各朝都是以圣人之道的大经大法作为立国根基的,因此我们中国人也只需遵循圣人教诲,身体力行圣人之道就能富强,无须反过来以西洋为仿效的榜样。

正因为如此,刘氏在《英轺私记》中发表了如下议论:"中国自天开地辟以来,历年最多,百数十大圣继起其间,制作日加精备,其言理之深,有过于外洋数倍者。外洋以富为富,中国以不贪得为富;外洋以强为强,中国以不好胜为强,此其理非可骤语而明。究其禁奇技以防乱萌,揭仁义以立治本,道固万世而不可易。彼之以为无用者,殆无用之大用也夫!"②

---

① 刘锡鸿:《缕陈中西情形种种不同,火车铁路势不可行疏》。
② 刘锡鸿:《英轺私记·观电学有感》,湖南人民出版社1981年版,第110页。

综上所述,刘锡鸿的结论可以归结如下:凡是西洋政俗的长处,都是"暗合"中国圣人之教,或学到了我们圣教的一点"端倪";其次,凡是西方政俗中那些可称道之处又不值得中国人去学。因为所有好的地方,都被刘氏附会于圣教"仁义"的范畴之中,中国人既然已有四书五经作为直接学习的目标,那就不必舍近求远地转手去学西洋人。

这种认识西方文化的方法,达到的最大效果是,由于同化与附会的认知方法强制处理了西方文明的长处,从而使圣人之学的至尊地位以及圣人之道的种种具体原则、规范、信条和价值尺度,避免了来自西方近代文明的强大冲击。

当刘锡鸿的圣学本位立场经历了西洋文明冲击的考验之后,他就可以反守为攻,用国粹主义的种种现成规范、信条与价值尺度,对西洋文明品头评足,并对西洋文明中所有不符合儒家伦常礼教原则之处予以坚决排斥、抨击乃至口诛笔伐了。

既然圣人之教以仁义为本,以技艺为末,那么在刘锡鸿看来,西学就是不必去讲求的。面对西方咄咄逼人的挑战,士大夫应该以修身养性为根本,像先辈的大儒那样,"浸淫于经史,餍饫于先儒语录,深求圣贤致治之道。博考帝王御世之方"。"潜心一室,……置纷华征逐于不问,习之积久,遂不觉其人志趣渐臻远大,心思渐底安谧,言动渐见端凝,而识见之澄定也因之。"其结果,"庶政就理,民生富庶,国势亦以强焉"[①]。至于西学,那不过是"百工技艺之学",决不是治国的根本。"欲拯今日之贫弱,当由饬

[①] 刘锡鸿:《英轺私记·观格致书院后》,湖南人民出版社1981年版,第27页。

吏治始。饬吏治,当由端士习始。端士习,当由审义(议)明道始。若令殚心西学,使益致力于百工,与商贾习处,是适增其商贾之行也。官中多一商贾,即国多一蠹,民多一贼。岂政令不讲,民生不恤,而惟船炮机器是恃,遂足治天下邪?"①

在刘氏看来,西学"盖工匠技艺之事",可以聚工匠而督深之,如古代聚百工于工场,而士大夫是不应问津的。②

既然一切仍应以圣人之道为判断尺度,那么任何改革也是不必要的。因为"祖宗制法皆有深意,历年既久而不能无弊者,皆以私害法之人致之。为大臣者,第能讲求旧制之意,实力奉行,悉去其旧日之所无,尽还其旧日之所有,即此可以复治。若改弦而更张,则惊扰之甚,祸乱斯生"③。

如果一切应以祖制为标准来判断是非取舍,那么西洋近代文明就决不应作为中国努力的目标。刘氏说:"我朝乾隆之世,非有火车,然而廪溢府充,民丰物阜,鞭挞直及五印度,西洋亦效贡而称臣。今之大势弗及者,以刑政不修、民事不勤耳,稽列圣之所以明赏罚、劝农⊥者,饬令诸臣,屏除阿私逸欲,实力举行之,即可复臻极盛,亦何事效中国所不能效哉?"④

必须指出的是,就刘锡鸿本人而言,他决不是在明知故犯地玩弄诡辩术。他认真地、虔诚地以传统士大夫千百年来惯用的方

---

① 刘锡鸿:《英轺私记·观格致书院后》,湖南人民出版社1981年版,第28页。
② 刘锡鸿:《英轺私记·观格致书院后》,湖南人民出版社1981年版,第28页。
③ 刘锡鸿:《英轺私记·伦敦监狱》,湖南人民出版社1981年版,第105页。
④ 刘锡鸿:《缕陈中西情形种种不同,火车铁路势不可行疏》。

法来思考西洋事物,以"仁义"来附会西方近代政教,决不是自己异想天开的创造,而是"仁义"自身的意会性、模糊性给予他的自然便利。他的文化优越感和对圣学的自信,与其说是虚张声势,不如说是一种以认知方法为后盾的传统文化心理的自然流露。

豪商大贾居宅中的书香世家子弟

郭嵩焘与刘锡鸿,这两个人都是从中国近代士大夫中产生的第一代驻外公使,他们都是首次出洋,把他们两个人对西方文化的截然不同的态度与心理状态作一番比较是颇有意义的。

郭嵩焘(1818—1891),湖南湘阴人,以宣传洋务和出使英伦并提出最早的维新思想而闻名。他是光绪中期以前走在时代最前面的少数开明士大夫之一。他在给李鸿章的信函中最早提出,中国学习西方不应仅仅着眼于一般的船政、铁路、制造之类的洋务,而且还应虚心研究西方的政治制度并加以吸收。[①]他办外交,出使英伦,提倡新政,有超越其同时代士大夫的胆识和见解。当郭嵩焘远渡重洋,踏上异国土地伊始,就因受到西洋文化强有力的刺激而坐立不安。当他把传统中国文化与展现在他面前的西方近代文化进行严肃的比较时,他就绝不可能继续保持一般正统士大夫的那种尊己卑人的国粹态度——他怀着忧国忧民之心向国内的士大夫同胞发出如下呼唤:"西洋立国二千年,政教修明,具有本末,与辽金崛起一时,倏盛倏衰,情形绝异……应付处理之方,

---

① 参见郭嵩焘:《条议海防事宜疏》,《郭嵩焘奏稿》,岳麓书社1983年版,第344页。

岂能不一一讲求?"他毫不掩饰自己对西洋文明发达程度的惊羡心情。他在给李鸿章的信中写道:"(伦敦)此间政教风俗,气象日新……百余年来,其官民相与讲求国政,自其君行之,蒸蒸日臻于上理。至今君主以贤明称,人心风俗进而益善。计其富强之业,实始于乾隆以后。火轮船创始于乾隆……嘉庆六年(1801)始用以行海内。又因其法创办火轮车,起自嘉庆十八年(1813)。其后益讲求电气之学,由吸铁机器转运书信。道光十八年(1838)始设电报于其国都……同治四年(1856)乃达印度,道光二十年(1840)搆(构)兵,火轮船遂至粤东。咸丰十年(1860)再搆兵,而电报经由印度至上海关。"①罗列了这些技艺飞速的发展进步状况之后,郭氏指出:"中国士大夫自怙其私,以求遏抑天地之机,未有能胜之者也。来此数月,始(实)见火轮车之便利,三四百里往返仅及半日。其地士绅力以中国宜修造火轮车相劝勉,且谓英国富强实基于此。"②

为什么中国一般士大夫对这种状况熟视无睹,并抱妄自尊大的冷漠态度?郭氏从历史上根深蒂固的"夷夏"观念卜寻找到了答案。他指出,自南宋以来,士大夫就高唱"夷夏大防",以至于"七八百年,尽士大夫之心相率趋于愚妄,而莫知其所以然"。"西洋之局,非复金元之旧矣。而(士大夫)相与祖述南宋诸儒之议论,以劫持朝廷,流极败坏,至于今日而不悟。"③郭氏大声疾呼,面对西方日益强大的严峻局势,中国除了奋起仿效西方,没有其他选择。"虽使尧舜生于今日,必急取泰西之法推而行之,不能一

---

① 郭嵩焘:《伦敦致李伯相》,《养知书屋文集》卷十一。
② 郭嵩焘:《伦敦致李伯相》,《养知书屋文集》卷十一。
③《郭嵩焘日记》第三卷,湖南人民出版社1982年版,第376页。

日缓也。"①

郭嵩焘就仿佛像一个从长年封闭的深宅大院里第一次走进人群熙攘的街市的人。他发现街上人们的肤色被阳光晒得黝黑，才意识到深宅大院中的家人们由于终年不见阳光造成的面色苍白乃是一种病症。他亲眼见到那些家门外的强邻们手中握有能致人死命的利器，又不得不为懵然无知的同胞未来的命运而担忧。由于这一发现和随之产生的忧虑，他返回深宅大院中，不断奔走、呐喊，以期亲人的觉醒。他呼叫着，要人们去打开业已生锈的大院的铁锁，去呼吸新鲜空气，去走向外部世界。然而，几乎所有的人不但不理解他，反而把他视为讨厌的人并加以斥骂和驱逐。说他"去父母之邦，不修高洁之行"②，斥责他"蒙耻受辱，周旋洋人"，攻击他的言论为"殆已中洋毒，无可采者"（王闿运语），甚至骂他"有二心于中国"。在他出洋前，好心人为他算命，结论是"大凶"，"日在昏晦中"，"尤不利上书言事"③。他的同僚朋辈则竭力劝他"弗发一议，弗出一谋"④，以明哲保身。这种沉重的社会舆论压力，使郭嵩焘陷入极度苦恼与悲愤的心境，难以自拔。他呼唤："衰病颓唐，出使海外，群怀世人欲杀之心，两湖人士，指斥尤力……至摘取一二言，深文周内（纳），傅（附）会以伸其说，取快（于）流俗。"⑤他愤愤然反问：既然洋人来到中国，为患已深，难道单凭虚骄的议论与嚣张的意气，就能把敌人攘斥于

---

① 郭嵩焘：《铁路议》，《养知书屋文集》第二十八卷。
② 《办理洋务横被构陷折》，《郭嵩焘奏稿》，岳麓书社1983年版，第388页。
③ 《郭嵩焘日记》第三卷，湖南人民出版社1982年版，第13页。
④ 《郭嵩焘日记》第三卷，湖南人民出版社1982年版，第38页。
⑤ 《罪言存略小引》，《郭嵩焘文集》。

国门之外吗？难道多一两个深知其内部情况、谙习其长处与短处的人，多一点应变之术，不是比大言高论更有效一些吗？

他指出："天下之大患在士大夫之无识。"①他叹息朝廷中没有目光远大的人，叹息国家处于极弱之势，又无可据之理，对外洋局势懵懵然、不知考究必将导致祸害。他仰天长吁："今天下能辨此者，舍我而谁哉？"②

在19世纪七八十年代，郭嵩焘"过早"的醒觉，使他不能不时常感受到一种"世人皆醉而我独醒"的孤独和悲哀。除了对世界大局稍有一知半解的李鸿章似乎对他比较理解和同情之外，他在士大夫阶级中几乎很难找到其他志同道合的人。正因为如此，我们就不难理解，作为士大夫的郭嵩焘，为什么恰恰是以最激烈的语言来抨击自己所属的那个阶级。他曾在回顾"士"的演变过程时说：古代的士能耕田、能做工、能屠牲、能捕鱼、能经商。汉代的士中有牧猪羊者、有负薪者、有为人帮佣者、有卖药者，这些都是依靠劳动以自食其力的人。然而，自从宋儒讲明性理之学以来，士的地位越高，名气越重，人们越把士看得不同寻常，距工、商、农三民越悬殊，反而使士成为《周官》里讲的那种闲民。他的结论是：士愈多，人才愈乏，风俗愈偷，"故夫士者，国之蠹也"③。

这一切使郭嵩焘对中国未来的命运抱有一种不祥的预感。在他看来，既然像刘锡鸿这样出洋见过世面的人，其议论也还是如

---

① 《复张竹汀》，《郭嵩焘文集》。
② 《复方子听》，《郭嵩焘文集》。
③ 《论士》，《郭嵩焘文集》卷二。

此冥顽不化，士大夫中"亦终无复望有能省悟者矣"①。从他的日记、书信、奏议与文集杂著中，我们可以感受到那颗敏感而略微纤弱的心时时忍受着焦躁的煎熬，我们可以感觉到他那时而充满愤懑，时而激昂，时而沉郁不安的声音。一种悲观而又不甘于沉沦和遁世的复杂情绪几乎是贯穿于他自光绪初年出使以来所有论著中的基调。

如果说，在19世纪七八十年代，在那更深重的民族危机即将来临的寒冷日子里，一种无法摆脱的孤独感和不祥的预感，使郭嵩焘成为了终日忧心忡忡的人，那么恰恰相反，刘锡鸿却因为自己的国粹立场，在旅欧期间仍然保持了一如既往的文化自信与乐观情绪。在前一章里，我们可以从那些面对西方侵凌的险恶局势反而高唱"泛教化论"的士人身上发现同样的自信心和奇特的乐观心绪。

在阅读刘锡鸿的《英轺私记》的时候，人们可以从其字里行间感觉到，刘大人在那远离中国的异邦土地上，始终以一个负有传布尧舜孔孟之教的使者的姿态来判断和应付他所碰到的一切西洋事物。这种姿态，使他显示出一种自命不凡的傲然风度，处处表现出自信、成熟而有条不紊。他从内心之中，毫不怀疑自己是来自天下最文明的礼仪之邦，至于展现在他面前的西方工业文明的种种繁荣景象，并没有使他惊羡。因为他所信奉的尧舜之道昭示他：义理是无条件地高于一切"功利末技"的。在他看来，作为礼仪之邦的中国在精神上是如此富有，以致完全不必去妒羡西洋诸国在物质上的奢华。中国在工业技术上的落后，在他看来，

---

①《郭嵩焘日记》第三卷，湖南人民出版社1982年版，第376页。

根据圣人的道理,反而是一种"以不贪得为富"的美德。①而中国国力的羸弱,则是一种"以不好胜为强",依照圣人之学昭示的"德治"表现。火器铁路是不必要的,人心为本,人的精神可以决定一切。因为战争胜负,所恃的是人心向背,"众心齐一,势若江河,断非火器精工便能抵御。""远事如美国之华盛顿,近事如广东之三元里民,皆可为鉴。"②更何况,"吾中国历代圣君贤相,才智非逊于西洋,而卒无有刳天剖地,妄矜巧力,与造化争能,以图富强者。"与大自然争巧力的结果,必然是"弦过急则弓易折,花过繁则树易枯,猛进之过,即是退机,倚伏之理,微参可悟"③。在刘大人看来,中国圣贤之学中的这些微言大义,是如此深刻,如此富于哲理,实在是"无用之大用",以致对于英伦三岛中那些仅仅懂一点"杂技之小者"的、浅薄的西洋人来说,"其理非可骤语而明"④。

刘锡鸿在西洋诸国旅居时的心理状态,用他自己曾经使用过的一个比喻来说,如同一个书香世家的清贫子弟,来到暴发致富的巨商大贾家里做客一样——他怀着那种书香人家特有的矜持和傲岸风度,冷漠地注视着豪华客厅里富丽的摆设和涂金的装饰。器具固然精巧,这一切固然是诗书世家子弟从未见过的,却始终缺乏诗书世家中的那种灵秀之气氛。⑤在他看来,粗俗不堪的富豪人家是不值得诗书世家子弟去仿效的。用他自己的话来说,中国

---

①刘锡鸿:《英轺私记·观电学有感》,湖南人民出版社1981年版,第110页。
②刘锡鸿:《英轺私记·始论铁路》,湖南人民出版社1981年版,第26页。
③刘锡鸿:《英轺私记·始论铁路》,湖南人民出版社1981年版,第26页。
④刘锡鸿:《英轺私记·观电学有感》,湖南人民出版社1981年版,第110页。
⑤刘锡鸿:《缕陈中西情形种种不同,火车铁路势不可行疏》。

的前途也仅仅是:

> 为世家者,督课其子弟,各自治其职业,以肃其家政,彼富豪亦不敢轻视。若欣羡华侈,舍己而效其所为,则一餐之费,亦足以自荡其产。①

刘氏的国粹立场还表现在对于一切改革的鄙视。在伦敦期间,他曾与一位来访的波斯藩王进行过一次颇为有趣的谈话。这次谈话更能显示其"以不变应万变"的态度是何等坚定。

这位波斯藩王面对着英俄并吞弱国的图谋以及彼强己弱的现实而充满忧虑。既然同是"天涯沦落人",相逢何必曾相识,藩王显然希望与来自中国的外交官员们共同商讨一下应付列强侵略的办法。他的话语是略带悲观的:

> 览天下大势,俄英之强,皆未有艾,而贵国与敝国乃以弱承之,将来必为所并,第不知归英抑归俄耳。②

刘锡鸿断然否认有这种可能性。他的这种态度与其说是基于斗争意志和爱国热情,不如说是基于迂腐的盲目乐观。他以"福兮祸之所倚"的老庄哲学来论证:"俄之贪噬无厌,安知天道不夺其魄,使之骤致丧败。若拿破仑之灭亡,强弱胜败,何常之有。"然后,他又自信"大清威行四裔,殆二百年。自咸(丰)同(治)

---

① 刘锡鸿:《缕陈中西情形种种不同,火车铁路势不可行疏》。
② 刘锡鸿:《英轺私记·与波斯藩王论强弱》,湖南人民出版社1981年版,第121—122页。

间,蟊贼内讧(指太平天国),财力稍困。朝廷顾惜民命,不肯黩武于外洋,其势遂似于弱。今扫平海内,渐靖西陲,武功既成,一意政教,不及数载,纲维大张,国威自可复振。"[①]

当这位波斯藩王问及为什么"西洋人前进百步,而我之前进仅数步,故觉瞠乎其后,势利远不及耳"时,刘锡鸿的回答是:"绝迹而奔,人喜其捷,而不知有颠陨之虞;缓步而行者,人苦其迟,而不知无倾跌之患。水雷火炮,惨杀生灵,以此为雄,他日必反受其害,何慕为?"[②]于是,中国古代圣贤哲人关于物极必反的智慧,又成了刘大人用来论证中国落后是好事、西方发展迅速反而是坏事的根据。而西方武力强大,根据老庄"日中则昃,月盈则蚀"的哲理,将来也会自食其果。于是,在刘锡鸿那里,古代贤哲的全部智慧,似乎都可以从各个角度来证明其国粹至上立场的正确和高超。深通圣贤之学和老庄哲理的刘大人似乎永远可以立于不败之地。

当这位波斯藩王问及"中国何以不制火轮车"时,刘锡鸿以一种充满哲理智慧的幽默讲出如下的话:目前,我们大清政府正计划在朝廷上制造大火车,这种大火车不用煤,不用铁轨,却能一日行驶数万里。那位波斯人正在迷惑不解时,刘锡鸿带着自信的微笑告诉他:根据我们中国圣人四书五经的教导,"正朝廷以正百官,正百官以正万民"。此行之最速,一日而数万里,无待于煤

[①] 刘锡鸿:《英轺私记·与波斯藩王论强弱》,湖南人民出版社1981年版,第121—122页。

[②] 刘锡鸿:《英轺私记·与波斯藩王论强弱》,湖南人民出版社1981年版,第121—122页。

火轮铁者也。①

在刘锡鸿看来,以"圣人之道"去规范百官与万民,这毋庸置疑地胜过任何实在的火车。这种从"诚意正心、修身齐家、治国平天下"的逻辑程式中演绎过来的"精神火车论",可以使正统士大夫们不必为现实危机的存在而担惊受怕,人们可以运用这种独特的思维方式,在头脑中重构一幅和谐完美的图景。

如果说,那位波斯藩王在言谈中略略透露出对前途的悲观,至少还表明他本人并没有丧失对迫在眉睫的民族危机的现实感觉,那么刘锡鸿在高谈阔论中显露的自信和乐观,却是以他完全丧失现实感为前提和基础的。当刘锡鸿用自己的思维框架来认识和判断国际现实时,现实在这一思维框架中已经被奇妙地处理为颠倒的映象了。这种映象,反过来又强化了刘氏自己固有的文化优越感和自信心理。

在甲午战争以前,中国近代士大夫在文化心理上的安适感,恰恰与他们对时局的清醒意识成反比。清醒者在沉重的社会压力下,不能不感到"茕茕孑立,形影相吊"的孤独和悲哀。而沉耽于"大清威行四夷"幻梦中的国粹派们,却可以气壮如牛,怡然自得。悲观者内心充满了压抑感和焦躁感,备受挫折和磨难,精神上是痛苦的。他们既不甘放弃士大夫忧国忧民的责任感,又无法在士大夫阶级中的绝大多数人还处于漫漫的精神冬眠时代,独立地寻找出履行这种责任的道路,犹如在乱山残雪的夜里,面对孤灯独自沉思的异乡人,备受焦躁与孤独的煎熬而无法自拔。与

---

① 刘锡鸿:《英轺私记·与波斯藩王论强弱》,湖南人民出版社1981年版,第121—122页。

此相反，刘氏这样的"乐天派"，却因为自己生活在圣人之道的沐浴下，感到三生有幸，趾高气扬。在刘氏锋芒毕露的褊傲个性背后，有一种顽强有力的传统信念作为支柱。所以他总是沾沾自喜，自命不凡。例如，当他发表了上述"精神火车"的高论以后，他在《英轺私记》中写道：

> （波斯藩王）闻之亦大笑。余自到伦敦，凡出拜客，必正使（指郭嵩焘）与偕，未尝向人稍伸辩论。此次每一答驳，波斯藩王必点头不已。语毕辞去，王曰：今日领教殊快，无怪是中国有名人。①

当然，谁都能看出来，刘锡鸿认为这位波斯藩王所讲的"中国有名人"指的就是他自己了。我们可以想象刘氏写下这段话时，所流露出的洋洋自得之情。

郭嵩焘在自己的日记中称刘锡鸿"一意矜张，多可笑者"，"自以才能见算"，决不是毫无根据的。当刘氏自以为是"中国有名人"而沾沾自喜时，一位英国士绅却在《泰晤士报》上以尖锐的言语讽刺他：

> 中国阻止进益之党，不作他事，只以禁止改变为务。毁弃铁路主议者何人？不得而知，闻共有七人，史册内载，历来开创有七个圣人，似此可编为"七愚"姓名，传之后世。

---

① 刘锡鸿：《英轺私记·与波斯藩王论强弱》，湖南人民出版社1981年版，第123页。

年来论及吴淞铁路,嘻(嬉)笑怒骂,兼而有之……不料与郭同来之柏灵(林)公使(指刘锡鸿),同观、同想而不同心,谓电报、铁路虽于不慊于心之夷鬼有用,于汉人全不相宜。……从前中国有个皇帝,恐民智之日滋,因而焚书坑儒,至今传以为笑。阻止铁路之人,亦必贻笑后代无疑也。①

刘锡鸿当然听不到这种对他的评论。但是,依据他的心理状态和思维方法,即使他听到了这类话,他也会把这些信息以独特的方法在思维中重新加以组织和理解,从而又变成对自己观点与立场有利的论据。

传统文化心理与思维方式之间的相互强化关系

人们自然会提出这样一个问题,刘锡鸿在国外的国粹立场为什么仍然表现得如此顽强?除了他刚愎自用和自命不凡的个性之外,更重要的是,他以尊临卑的传统文化心理与其认识—思维机制之间,存在着一种相互强化关系。这是一种值得注意的特定的社会意识现象,它在一般正统士大夫身上都不同程度的存在。只不过在刘锡鸿身上表现得特别典型,特别突出而已。

这种文化心理——认识—思维过程之间交互作用的具体机制可以概括如下:以尊临卑的传统文化心理定势,是弥漫于正统士大夫意识中的精神氛围,它不断地诱导着近代正统士大夫按传统的思维轨道去处理来自西方文化的种种信息刺激,这种精神氛围

---

① 《郭嵩焘日记》第三卷,湖南人民出版社1982年版,第700页。

还如同一道牢固的心理屏障,强有力地阻止士大夫摆脱原来的认识—思维习惯去另辟思维蹊径。换言之,在这种传统文化心理、精神氛围的浸润下,即使西方文化中种种异质新事物的刺激充满了活力和生气,但人们总会不自觉地、顺理成章地把这种信息刺激归类到旧的范畴构架中去,并按圣人之道投射下来的原则来否定新事物的积极意义。千百年来的思维习惯和历史记忆的印痕已牢固地聚结为一条高度组织化和程序化的思维线路,在古老的精神氛围浸润下,外部新异事物的刺激会像条件反射一样,引起这种习惯性的思维线路的"活化"。而这种思维机制的"活化",正是以传统文化心理没有发生改变为其存在前提的。

另一方面,传统认知—思维机制对西方新异事物加以处理的结果,反过来又进一步巩固、强化和支撑了原来的文化心理。

如果我们把士大夫的传统文化心理(包括华夏中心论、礼教尺度、文化辐射观念等)与传统的认识—思维机制(包括强制同化、圣学演绎方法)分别看作两个处于不同意识层次的子系统,那么我们就可以运用下列方框图来表述在西方挑战的近代历史条件下,正统士大夫意识结构内部两个子系统之间的这种相互强化关系:

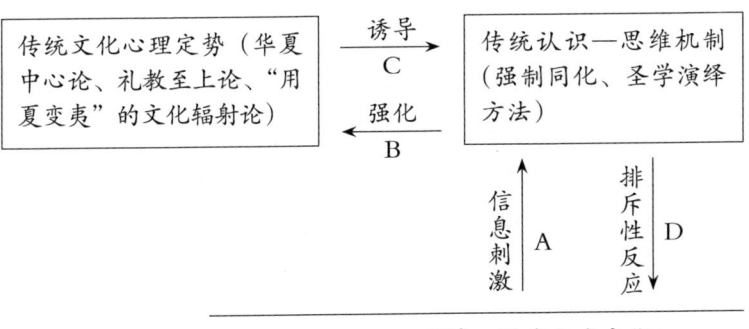

以上系统模型表明：西方近代文化，作为系统外部环境，其异质文化信息A，不断刺激正统士大夫认识—思维机制的子系统，该子系统通过"强制附会—圣学演绎"的运思方法，对西方新异事物做出排斥性、否定性的价值判断信息B，这一价值判断信息B，作为士大夫理性思考的产物，又进一步积极地支持和强化了正统士大夫的传统文化心理。

另一方面，强化了的文化心理定势，反过来又作为一种内在的精神氛围C，不断地诱发着传统的思维机制的活跃化。换言之，当正统士大夫的理性思维过程被中古时代的那种文化优越感、华夏中心观念和文化上的自我安全感继续全面笼罩和浸润的时候，这种理性思维过程便具有了极度的顽固性，并不断地对西方文化的种种刺激作出排斥性的反应D。

正是在这个意义上，我们可以发现，一方面传统文化心理定势与认识—思维机制，这两个子系统双方都以对方的存在作为自己活动的前提和条件；另一方面，双方都不断反复地强化了对方的内部稳定性。这种双向的相互作用系统，使由这两个子系统共同构成的意识结构具有了牢固的内封闭性质，以至于任何来自西方的刺激，在这个封闭性的结构内部引起的总是高度排异性的、保守的反应。

我们可以把文化心理子系统与认识—思维的子系统之间的耦合关系，称为心—思互协结构。近代士大夫国粹倾向的牢固性，可以从这一意识结构内部两个子系统之间的互协关系的牢固性得到解释。刘锡鸿文化优越感的心理定势与其国粹思维方法之间正存在着这种心—思互协关系。

正是在这个意义上，在应付西方文化的挑战时，如果不能冲破文化心理—认识思维之间的牢固的双向关系网络，如果不切断这两个子系统之间的耦合关系，人们就不能正确地判断客观现实，并作出相应的合理决策。意识结构内部的互协性联结，只能使人们获得对现实危机的颠倒映象。它可以使人们沉耽于自我陶醉的心境中，但决不能帮助人们现实地摆脱困境。从某种意义上说，正统士大夫对西方挑战的认识过程所充满的种种困难，也可以从这种心—思结构的封闭性特点得到解释。

第四章
洋务派的危机意识

> 料敌审己,实有万不能不办之势,亦实有万不可再误之机。误则不可复更,不办则不堪设想。
>
> ——〔清〕文祥

从忧惧感到危机感

人们往往会发现,当一般正统士大夫以国粹主义的方式来应付西方列强对中国的挑战时,在他们所主张的国粹主义的对策与思维方法背后,实际上都有一种传统的文化优越感和安全感的心理作为后盾。这种文化心理状态的内涵是,"洋夷"们对中国的侵凌和困扰,并不足以构成对中国人生存环境的根本威胁;中国在历次战争中的失败,仅仅是受到一些人为的、偶然的因素干扰所致。西方列强迫使中国"割地、纳款、互市",在他们的思维中,唤起的只是类似历史上契丹、女真、蒙古等边陲民族对中原王朝困扰的那种历史联想和恼恨心理。他们对"洋夷"的愤慨和鄙夷,也仅仅是文明人对不知诗书礼教的野蛮人的强悍无理行径的情绪化反应。他们所主张的应付西方列强侵略的方法,也仅仅是引证"历代夷患为前车之鉴",认为"自古御夷之策,固未有外于此者"①。甚至更有人认为,圣人之教将有足够的威力感化"性如犬羊、桀骜不驯"的"洋夷"。军事政治上的失败和屈辱,可以在士大夫们对传统文化的同化力的乐观信念中,在他们的文化优越感和安全感中得到苏解、缓冲和补偿。

这种文化上的安全感,具有一种强烈的麻痹思维神经的力量。深刻的民族危机的刺激,被这种文化安全感过滤后,便会在士大夫的思维中大大地淡化。正如我们在前一章所分析过的,传统的心理定势(包括文化优越感和安全感)作为一种浓厚的精神氛围,在抵御了正统士大夫们因受挫折而产生的惊恐心理之后,还会继续诱导他们按传统的同化—演绎的思维轨道,判断和处理来自西方挑战的种种信息。这样,自然就难以突破原来的保守观念的框架,在这种情况下,客观地认识西方事物和应付西方挑战是不可能的。

如果说,在刘锡鸿、倭仁等正统派士大夫那里,由于传统文化心理定势与认知心理之间形成了牢固的互协关系,从而使他们难以摆脱旧的思维框架来认知西方事物,那么我们却发现,在第二次鸦片战争以后崛起的洋务派士大夫的观念中,却出现了一种新的文化心理因素,它似乎具有相当的力度,可以切断上述系统内部的互协关系,并为思维机制的局部更新提供了一种可能性。这种新的文化心理因素,就是本章将作为核心问题来研究的洋务派的危机意识。

洋务派的危机意识,起因于第二次鸦片战争以后一部分士大

---

① 引自奕䜣、桂良、文祥奏言,参见《筹办夷务始末》卷七一(咸丰十年十二月)。

夫官绅对西方近代化的军事实力的忧惧心理。这种忧惧心理，在有关湘军首领胡林翼的一段史实中有过生动形象的反映。胡氏被清人称为湘军中的"萧何"。作为军师，其在湘军中的地位也仅次于曾国藩，他是清朝统治阶级中政治目光颇为敏锐的人。当年，当胡林翼伫立在长江岸边的山头上，正在为即将从太平军将士手中夺取安庆重镇而踌躇满志时，他猛然看见两艘游弋于长江上的

与曾国藩并称为中兴名臣的胡林翼

洋人军舰，迅如奔马，逆江而上。胡氏立即变色不语，勒马回营，并在中途呕血，几乎坠下马来。从此以后，每当有人与他谈及洋务，他就摇手闭目，闷闷不乐，口称"此非吾辈可能知也"。胡林翼原先已有病，由于这一刺激而病情加重，数月之后，便郁郁而死。①

从这段史实中我们可以看到，胡林翼作为正统士大夫中的一员，他内心交织着一种自身无法克服的矛盾：一方面，他凭自己敏锐的直觉，认识到西方列强的近代军事实力远非中国清廷军队所能比；另一方面，传统的文化辐射观念又如此根深蒂固，使他还无法设想中国可以通过学习西方来摆脱困境。他内心的文化安

---

① 薛福成:《庸庵笔记》。

全感似乎已经崩溃,而新的出路又无法找到。他不能不为大清帝国未来的命运而担忧。这种心理紧张状态和不祥预感,使他心力交瘁,无法自拔。

这种忧惧感的发展和深化,还表现于对文化整体的思考上,就是洋务派特有的那种危机意识。这种基于中外军事实力的比较而产生的危机意识在李鸿章的言论中有充分的表现。李氏本人曾到英法军舰上参观过,他对洋人军队"火炮之精纯,子药之细巧,器械之鲜明,队伍之雄整",有过极为深刻的印象。在李鸿章同治年间呈交清廷的《复奏海防事宜疏》中,这种危机意识表达得最为清晰完整。该奏疏称:

> 今则东南海疆万余里,各国通商传教,往来自如,糜集京师及各省腹里,阳托和好之名,阴怀吞噬之计,一国生事,诸国搆(构)煽,实为数千年来未有之变局。轮船电报之速,瞬息千里,军械机器之精,巧力百倍,炮弹所到,无坚不摧,水陆关隘,不足限制,又为数千年来未有之强敌。外患之乘,变幻如此,而我犹欲以成法制之,譬如医者疗疾,不问何症,概投之以古方,诚未见其效也。①

李鸿章在这一段议论中,首次提出了中国面临"数千年来未有之变局"与"数千年来未有之强敌"这一个著名的命题,从而标志着中国近代士大夫面对西方挑战的一种崭新态度的出现。从历史角度看,相对于当时绝大多数内省和朝廷的国粹派士大夫虚

---

① 李鸿章:《复奏海防事宜疏》,《李文忠公奏稿》卷二四。

1860年,第二次鸦片战争时期,英国《伦敦新闻画报》刊载的铜版画,描绘南京城内的太平天国军队向长江上的英国舰队发炮。

骄的大言高论,李鸿章的"大变局"与"强敌"的观念,无疑是对西方挑战的严峻现实在认识上的深化,在政治思想史上具有不容忽视的意义。在李氏以前,还没有人把大清帝国面临的西方军事威胁的严峻性,概括到这样一个高度。

危机意识与避害反应

我们必须指出的是,洋务派的危机意识,决不是那种视中国传统礼乐教化不如西方近代文化的自卑心理。其基本特征是:在洋务派人士看来,具有至美至善的儒家礼乐教化的中国人业已受到了在"技艺"、"机巧"与"术数"方面更为强大的西洋人的侵凌和威胁,并且洋人的这种侵凌和威胁如果不断深入,则有可能危及本民族原来的生存环境。这种危机意识一旦产生,就相应地产生了以摆脱危机为宗旨的避害反应和避害价值尺度。这种避害反应既然以危机意识为基础,它就具有两个基本特点,首先是具有很强的力度,其次是内涵十分单纯和狭窄。这两个基本特点对我们认识洋务派思想的发展前景和局限性有十分重要的意义。

洋务派的危机意识及其相应的避害价值观念之所以有很强的力度,是因为这些文化心理因素是从人们对现实危险的警觉和感受中直接产生的,而不是从尧舜孔孟的圣人格言中引申出来的。它们直接听命于近代士大夫保国保种的生存意念的呼唤。既然生存意念具有"第一命令"的性质,那么这种基于生存意念基础上的意识和价值尺度,便有力地冲破了笼罩于士大夫身上文化安全感的心理氛围,顽强地抗拒和抵制了某些不利于实现避害目标的传统观念、价值规范和思维习惯,并通过这种抵制和抗争,力求在士大夫的观念王国中为自己的存在赢得一席地盘,并迫使士大夫们面对冷峻的现实。李鸿章在上述奏疏中强调指出,以"不问何症,概投之以古方"的方式来应付空前强大的西方对手是极为危险的。这正表明了危机避害意识本身具有对"成法"及旧观念体系的冲击力度。它似乎为切断传统文化心理与认识心理之间牢固的互协关系,提供了前所未有的新契机。

洋务派的避害反应首先表现在对西方"技艺"、"术数"功用的积极肯定上。既然对方的技艺已显示出巨大的杀伤力,那么从避害角度而言,化他人之长为自己之长,则是必要的而且是迫切的。用光绪初期朝廷中的洋务派首领文祥的话来说,"今日之敌,非得其所长,断难与抗"①。而左宗棠的下述议论表明,避害尺度在逻辑上可以顺理成章地引出只有"师法洋人",才能摆脱危机,求得民族自存的结论:

> 欲防海之害而收其利,非整理水师不可,欲整理水师,非设局监造轮船不可。泰西巧而中国不必安于拙也。泰西有而中国不必傲以无也。

> 彼此同以大海为利,彼有所挟,我独无之,譬如渡河,人操舟而我结栿(筏),譬如使马,人跨骏而我骑驴,可乎?

> 谓我之长不如外国,藉(借)外国导其先,可也。谓我之长不如外国,让外国擅其能,不可也。②

从这一论断中,我们可以看出,避害价值观念在本质上具有讲求实效的功利主义的性质,这种讲求实效的价值观念,使恭亲王奕䜣认识到,中国、日本、西洋各国在技艺方面,谁技艺高强,就应该师法谁,既然不讲礼乐教化的西洋诸国军事技艺的高强是客观存在的事实,那么西方各国的"技艺"、"术数"自然是中国师法的对象:

---

① 《文祥传》,《清史稿》卷三八六。
② 左宗棠:《请福建开设船厂疏》,《左文襄公全集》。

[103]

夫天下之耻，莫耻于不若人，查西洋各国，数十年来讲求轮船之制，互相师法，制作日新……东洋日本近亦遣人赴英国学其文字，究其象数，为仿造船炮张本，不数年后亦必有成。①

日本蕞尔小国尚知发愤为雄，中国狃于因循积习，不思振作……今不以不如人为耻，而独以学其人为耻，将安于不如，而终于不学，遂能雪其耻乎？②

洋务派对中国历次与西方战争的失败原因所进行的比较冷静的检讨与反省，也表明，他们既然从避害目标出发来进行判断，那么他们的见解，就与大多数正统派的不切实际的虚骄、高谈阔论大相径庭。例如，一般士大夫往往把两次鸦片战争中清朝一方的失败归结为"天道之所忌，彼（指洋人）皆犯之"，"机巧，天之所忌，洋人无事不用机械；强梁，天之所忌，洋人则以强凌弱，以众暴寡"，"狡猾，天之所忌，洋人智取术驭，得寸进尺"③等等。在洋务派看来，这种以"义理"为尺度并带有强烈情绪色彩的议论，并不足以认识中国一方在战争中失利的具体原因。他们不能不从实际出发，来检讨中国士大夫在历史上形成的"尊己卑人"的态度在两次鸦片战争中带来的危害。

最能代表这种反省态度的，可以算洋务派大员文祥在临终前呈交清廷的一段奏议。作为一个临死者的遗言，他对清廷在两次鸦片战争中表现的腐败与中国士大夫官绅的虚骄与愚妄，达到了

---

① 奕䜣：《酌议同文馆章程疏》，《同治中兴京外奏议约编》卷五。
② 奕䜣：《酌议同文馆章程疏》，《同治中兴京外奏议约编》卷五。
③ 李元度：《国朝柔远记·李序》。

当时人所少有的坦率程度：

> （其时）在内无深知洋务之大臣，在外无究心抚驭之疆吏。一切奏牍之陈，类多敷衍讳饰。敌人方桀骜，而称为恭顺；洋情虽怨毒，而号为欢忻。遂致激成事端，忽和忽战，甚且彼省之和局甫成，此省之战事又起。赔款朝给，捷书暮陈。乘望风之船，号为胜仗；执送使之酋，以为擒渠。果至两军相交，仍复一败不可收拾。于是夷情愈骄，约款愈肆，中外大臣皆视办理洋务为畏途。庚申（1860）事起，几至无可措手足。①

正是在这种观念强有力的制约下，才促使文祥在临终前发出这样的呼吁："料敌审己，实有万万不能不办之势，亦实有万万不可再误之机。误则不可复更，不办则不堪设想！"②

综上所述，危机意识与这种意识衍生出的避害价值尺度，使洋务派在一定程度上冲破了传统文化心理定势与传统思维习惯的某些藩篱，作出比一般国粹派士大夫更现实冷静的、也更合乎自卫之道的反应。他们至少已认识到以"华夷"对峙时代形成的对外部世界的态度来应付西方对手，是一种不切实际的刻舟求剑之举。如果我们不是用现代人的高水平来苛求他们的话，至少我们应该承认，在极度封闭僵化的历史文化背景上，洋务派人士力求在他们知识与能力所能达到的范围内，去实现民族自卫目标，相

---

① 《文祥传》，《清史稿》卷三八六。
② 《文祥传》，《清史稿》卷三八六。

对于大多数国粹派的大言高论,他们的观念和思想是认识上的深化和进步。

另一方面,我们又必须指出,洋务派的危机—避害意识,虽然有较强的力度,但在内涵上却是相当单纯和狭窄的。因为它对士大夫传统观念体系的冲击范围,也仅仅局限于与自卫相关的那些方面。洋务派对西方文化的兴趣,也只是为了学得英法一二秘法,以期与洋人相颉颃。由于这种动机和兴趣的狭隘和偏枯,以至于洋务派大员丁日昌可以得出这样的结论:"西学,除船械一切必须效法西洋外,其余人心、风俗、察吏、安民,仍当循我规模,加以实意。"这一著名论断,后来曾被国粹派人士褚成博积极引证,用来攻击比洋务派更激进的维新派。①这表明,由于洋务派对西学兴趣的狭隘性和单一性,以致可以使他们与国粹派在基本立足点上没有太大的区别。

其次,洋务派在避害动机驱使下提倡西学,乃是针对外部强敌的威胁作出的被动反应,而不是基于社会内部新因素发展的刺激而作出的主动反应。因此,洋务派对西学的兴趣中,并不包含追求更高远的社会目标、伦理理想在内的精神要求和丰富的社会内涵。在洋务派看来,"师夷之长技"的目的仅仅在于"制夷"。如果"夷"已被制,或者,如果已无"夷"可制,目的已经达到,"师夷"也就自然失去了其存在的价值。因此,以避害反应为基础而对西学产生的兴趣,本身缺乏向西方近代文化各个方面纵深伸展的内在趋势,这种兴趣的狭隘,使洋务派士大夫很少有可能把西方文化当作人类文明发展中的智慧成果去积极地予以肯定和认

---

①褚成博:《坚正堂折稿》。

识。正是在这个意义上,洋务派提倡西学不能不具有画地为牢的封闭性质。更何况,在儒家思想中,"兵者,凶器也,圣人不得已而用之"。洋务派士大夫在感情上对西方"凶器"是冷漠的和鄙夷的,而现实的危机意识又驱使他们对西学不得不予以重视。这种欲拒还迎的矛盾态度,是近代士大夫中一种相当普遍的社会心理。例如,朱克敬的下述议论就具有鲜明的代表性:

> 洋人之入中国,乃千古奇变,其处心积虑,专以杀人谋利为事,又自古蛮夷所未有。十余年来,辱我大臣,夺我地利,胁我人民,凡属大清臣子,孰不欲食其肉而寝处其皮?但今日国家兵力实不能与之争衡,不得不委曲与之议和,徐图攘斥,忠实之士,既恨国耻未雪,当竭虑殚思,日夜谋所以制敌,学一技即有一技之用,划一策即有一策之功,收一钱即有一钱之助,师夷之长,所以制夷之命。①

在这段议论中,无疑透露出这样一层复杂的心理:如果没有西方列强对中国的侵凌和压迫,中国人是不必去师法夷人之长的。事实上,在洋务运动开始以后相当长的一个时期里,除了郭嵩焘等少数人以外,包括左宗棠在内的大多数提倡洋务和西学的士大夫,他们心目中的西洋文化,有如当年赵武灵王的"胡服骑射"、明末的红夷大炮和清初的佛郎机大炮一样,仅仅作为一种来自异域的军事技艺而已。②事实上,恭亲王奕䜣在其鼓吹洋务的奏折中

---

① 朱克敬:《愤戒》,《柔远新书》卷四。
② 左宗棠:《请福建开设船厂疏》,《左文襄公全集》。

正是引用历史上"胡服骑射"的典故来证明洋务之有益于中国国防。这类技艺在他们看来尽管有用,但决不是治国平天下的根本。

洋务派人士对西方技艺欲拒还迎的矛盾心理,很像一个跌入水中而又严守礼教的封建妇人:求生的本能使她在这一紧迫关头不得不抗拒"男女大防"古训的束缚力,而把手伸向一个可以把她从水中救出的陌生男子。这一行动表明了一个人的避害反应对传统礼教规范进行正面冲击的强烈力度,然而在这一特殊场合下,男女双方对礼教的悖离,仅具有狭窄的自我限定性质——它难以扩大到包括"三纲五常"等信念和规范在内的其他更广泛领域中去,而且一旦这位妇人依靠避害反应脱离险境之后,"男女授受不亲"的道德训条又会重新束缚她的思想和行动。除非社会重大的经济变迁使该妇人的经济地位、社会信仰体系发生重大的改变,否则避害动机对某一正统原则的冲击作用,决不可能成为她对整个旧的价值体系全面批判和反抗的起点。

在洋务派的观念中,自然就出现了这样一个新的问题。一方面,洋务派士大夫的文化背景及其所受的传统教育使他们与一般正统士大夫一样,把纲常礼教、圣人大经大法视为心身性命一般不可须臾分离的东西;另一方面,现实的时代警觉又驱使他们本能地去吸收异源的西学并办理洋务。于是,圣人之学中的信条、伦理规范、价值观念,与那些通过避害反应而产生的有关西学的新价值观念,就同时并存于洋务派士大夫的头脑中。这样,就出现了互为异源的双重价值尺度并存的现象。这种双重价值尺度和观念之间的平衡、协调是通过什么方式来实现的呢?

正如我们在本章前一部分业已分析过的:洋务派对西学的兴趣仅仅狭隘地局限于避害—自卫这一功能方面,而很难向其他方向渗透和扩展。这种兴趣决不会构成对圣人之道的传统价值体系的全面威胁。因此,洋务派只需对自己的观念结构作一些局部的调整,似乎就可以达到双重价值尺度并存的内部协调。

这种局部的调整体现在"中学为体,西学为用"的典型表述中。洋务派通过"体"、"用"的分离,把西学明确地局限于"用"(功能)的范围内,似乎这样中学与西学则可以"井水不犯河水",各就其位,各司其职,实现了双重价值尺度的互容性。

然而,洋务派通过"体"(根基)、"用"(功能)的范畴把中学与西学加以分隔和联结,从表面上虽然解决了两种异质文化价值观念之间的形式逻辑上的互容性问题,但是在中国传统哲学中(同样也在中国人的传统思维方法中),"体"与"用"是不能机械地分隔的。两者处于有机的相互渗透的状态之中。程颐称:"体用一源,显微无间。"①中国传统哲学思维中"体用"的关系实际上是:"一原即一本,体用一本,即谓体与用非二本,有体即有用,体即用之体,用即体之用……用即由体出。非于体之外别起一用,与体对立而并峙。"②换言之,功能必须从"本根"中衍化、派生出来。

在中国传统哲学中,与"本根"无渊源关联的、独立于"本根"之外的"功用",是不能成立的,也是不可设想的。正因为如此,当洋务派把"西学"这一异源于圣学之道的异质文化因素,勉强地安置在"用"的范畴位置上时,"中学之体"与"西学之用"之间,就存在一种实质上无法相互渗透和协调的紧张状态。

---

①程颐:《易传序》。
②张岱年:《中国哲学大纲》,中国社会科学出版社1982年版,第14页。

这种紧张状态导致了"中学之体"对"西学之用"的沉重压抑。让我们在下一节的分析中更具体地说明这一点。

洋务派与明治维新派：对西方挑战的不同态度

在对洋务派的危机意识、避害反应，以及"中体西用"的思想作了上述分析之后，下面，我们就可以进而对洋务派士大夫与日本明治维新人士各自对西方文化的态度进行一番比较了。这种比较将有助于认识洋务派的 "中体西用"观念的消极性，并有助于理解，中国与日本承受西方挑战冲击之后的不同选择，何以会影响两国未来的发展以及两个东方国家近代化过程的不同历史命运。

首先值得注意的是，倡导明治维新运动的日本知识阶层学习西方，并不单纯是受那种内涵狭隘的避害动机之驱使。他们的动机中更多的成分乃是基于广泛的文化比较以及基于这种比较而做出的选择。我们可以从日本明治时代思想先驱福泽谕吉的《文明论概略》中明显地看到这一特点。

福泽谕吉在该书第一章里，就明确地说，世界上各种不同的文化，可以通过开化程度的高低来进行横向的比较，人们可以通过这一比较来发现孰优孰劣。他指出，正如一切事物的长短、轻重、是非、善恶都是相对的一样，所以世界上各种文明的开化程度也是相对的。福泽氏用"文明开化的相对性"这一概念作为分类的标准，把当时的欧洲各国与美国判识为世界上最文明的国家；把土耳其、中国、日本等亚洲国家判识为半文明国家；把非洲、澳洲地区的一些国家判识为野蛮国家。这样，就把当时世界上各自独立发展的民族文明，分别归类到由低到高排列的作为"人类

美国海军来到东京湾,被日本官员接见,日本也由此开国。

必经的阶段"的文明发展序列之中。这种序列分类的结果,使多元化的文明可以用进化程度这一尺度进行横向的比较,从而在总体上确立了处于"半文明"类型的日本,必须以西洋各国更先进、更发达的近代文明作为自己全面效仿榜样——此为结论。正因为如此,福泽氏直率地表示:"稍识事理的人,对事理懂得越透彻,越能洞悉本国的情况,……也就越觉得自己国家远不如西洋,而感到忧虑不安。于是有的就想效仿西洋,有的就想发愤图强以与西洋并驾齐驱。"①

同时,福泽氏根据这种"开化的相对性",指出:西方国家对于未来尽善尽美的社会来说,仍然是相对野蛮的。"文明的发展是无止境的。不应满足于目前的西洋文明。"②

---

① 〔日〕福泽谕吉:《文明论概略》,商务印书馆1982年版,第9页。
② 〔日〕福泽谕吉:《文明论概略》,商务印书馆1982年版,第11页。

美国海军登陆日本。在背景中,整个美国舰队清晰可见。美国海军军官、海军陆战队士兵、水手和乐队成员列队整齐,接受检阅。

从现代人的眼光来看,福泽谕吉把世界多元化的文化简单地纳入一个单线发展的进化序列之中并加以评价,固然是忽视了各文明发展的独立性,因而也是失之于简陋的。但是这种思想角度,却使他敏锐地把握了"现代欧洲文明"是"现在人类的智慧所能达到的最高程度"[1]这一客观现实,并成功地摆脱了自我中心的文化意识,克服了以本民族的传统文化价值尺度来评价异域文化的习惯性心理屏障。由于这一心理屏障的克服,从而使福泽谕吉顺利地得出这样一个富有远见的结论:"现在世界各国,即使处于野蛮状态或是还处于半开化地位,如果想使本国文明进步,就必须以欧洲文明为目标。确定它为一切议论的标准,而以这个标准来衡量事物的利害得失。"[2]

---

[1]〔日〕福泽谕吉:《文明论概略》,商务印书馆1982年版,第11页。
[2]〔日〕福泽谕吉:《文明论概略》,商务印书馆1982年版,第11页。

以欧洲文明为目标，这就是结论。这也是日本民族对西方挑战作出的选择。

如果我们把福泽氏在《文明论概略》中提出的"以西洋文明为目标"的思想与中国的洋务派提出的"中学为体，西学为用"的思想进行比较，就可以发现双方有两点重大的区别。

首先，日本明治维新人士"以西洋文明为目标"的思想，把西洋文明视为比日本固有文明更高的发展阶段。基于这一认识就能够确立起全方位地仿效西洋文明的基本战略目标，并把西洋近代政治制度、宪法、法律、教育、学术思想、科学技术、军事技艺与装备视为彼此不可分割的有机整体。福泽谕吉在《文明论概略》里就曾指出：在学习西方文明时，人们首先应注意的是其中"一种无形的东西"，"这种无形的东西是很难形容。如果把它培养起来，就能包罗天地万物"。他把这种东西称为"文明的精神"。他认为，"使欧亚两洲情况相差悬殊的就是这个文明的精神。"[①]因此，福泽氏提出，"不应单纯地仿效（西洋）文明的外形，而必须首先具有文明的精神，以与外形相适应。"[②]这些论断反映的正是以福泽谕吉为代表的日本明治维新人士把西洋文明视为一个不可分割的有机整体的思想。

全方位地学习和仿效西洋文明，并把西洋文明视为一个不可分割的整体，这正是日本明治维新的基本精神。正因为如此，我们会惊异地发现，从19世纪六七十年代起，那些最早踏上欧洲土地的日本明治维新志士，一开始就以战略的远见，从整体上学习

[①]〔日〕福泽谕吉：《文明论概略》，商务印书馆1982年版，第12页。
[②]〔日〕福泽谕吉：《文明论概略》，商务印书馆1982年版，第13页。

西方文明入手,去寻求登堂入室的门径,并且很快地把注意力集中到西欧政治制度、法律与学术、教育这些处于文明更基本的层次上。当然,在郭嵩焘从伦敦给李鸿章的信中,也曾以敏锐的眼光观察到这一点:

> 日本在英国学习技艺二百余人,各海口皆有之。而在伦敦者九十人,嵩焘所见二十余人,皆能英语。有名长冈良艺助者,故诸侯也,自治一国,今降为爵,亦在此学习律法。其户部尚书某,至奉使谋求经制出入,谋尽力仿效行之……而学兵法者甚少,盖兵者末也,各种创制皆立国之本也。①

其结果,日本不失时机地、迅速而有成效地从西方吸取了对自己未来发展有价值的各种先进东西。他们一面采用西方近代工业、科学、铁路技术,一面又按西方模型创造了新币制和银行制度;他们在创办商船公司、电报局、邮政局的同时,又制订了一个有议会和内阁的宪法;他们既按西方模式改组了陆海军,又建立起在诸多方面效仿欧美的教育制度。经过若干年的奋发努力,这个在地理上离欧洲更远,承受西方挑战的刺激比中国为时更晚的东方国家,这个历来被中国士大夫视为微不足道的"蕞尔小国",便迅速地发展起来,并与欧美并驾齐驱。李鸿章在同治三年就曾怀着妒羡而又忧虑的心情写道:"夫今之日本,即明之倭寇也,距西国远而距中国近。我有以自立,则将附丽于我,窥伺西人短长。我无以自强,则并效尤于彼,分西人之利薮。"甲午战争

---

① 郭嵩焘:《伦敦致李伯相》,《养知书屋文集》卷十一。

的结果,使李鸿章这一超越同时代中国人的见解不幸而言中。

与明治维新派"以西洋文明为目标"的思想不同,在洋务派"中体西用"的思维模式中,洋务派仍然把中国固有的礼乐教化的儒家文明视为天下(或人类)文明的最高形态,西方文明因而在他们看来决不是中国全面效仿和学习的对象。危机—避害意识产生的自卫要求,只能把他们的注意力吸引到西方军事技艺和器械制造这些特殊的方面,在圣人之道至高至善信念的束缚下,他们必然地把西洋的军事技艺、器械制造视为可以与西洋并"不高明"的政俗教化完全分割的东西。西学也仅仅在"师夷之长以制夷"这一特定的功能意义上,作为自卫工具才具有学习价值。我们只需列举洋务派的另一大员张之洞的下述论断,便可以看到洋务派对西方文明的价值判断是何等的偏枯:

> 中国学术精致,纲常名教,以及经世大法,无不毕具,但取西人制造之长,补我不逮足矣。其礼教政俗,已不免于夷狄之陋,学术义理之微,则非彼所能梦见矣。①

以这种态度来制定学习西方的战略,自然是免不了琐碎、狭隘和急功近利。这种肤浅的基本指导思想,对洋务运动自身的发展无疑将产生严重的消极影响。

其次,如果把明治维新派"以西洋文明为目标"的思想与洋务派"中体西用"的思想相比较,我们便会发现两者在国民中所激发起来的对西洋文明的态度有着明显的不同。

---

① 张之洞:《劝学篇》序。

"以西洋文明为目标"的指导思想,有助于激发日本民众学习西洋文明的由衷热情。因为,既然西洋文明从整体上被判识为一种处于更高阶段的文明,那么处于"半文明"阶段的日本向这一更高阶段迈进的任何努力,都能顺应民众企求更文明的社会生活的期待,契合一个民族向往进步的社会心理。福泽谕吉曾如此描绘了当时日本民众普遍洋溢的学习西洋文明的热情:

> 我国人民骤然接触到这种迥然不同的(西方)新鲜事物……这好比烈火突然接触到冷水一般,不仅在人们的精神上掀起波澜,而且还必然要渗透到人们内心深处,引起一场翻天覆地的大骚乱。……这种骚乱是全国人民向文明进军的奋发精神,是人民不满足于我国固有文明而要求汲取西洋文明的热情。因此,人民的理想是要使我国的文明赶上或超过西洋文明的水平,而且不达目的誓不罢休。①

这种主动积极地学习西洋文明的国民热情是以理性上把西洋文明视为文明更高阶段的认识为基础的,也是与这种认识有机地相互依存的。这种主动学习和效仿西洋文明的精神一旦从明治维新时代的知识阶层扩展到一般国民,就自然而然地形成了一股上下交互激荡的社会思潮。吉田茂在《激荡的百年史》中写道:"在领导者决定开放门户,汲取西方文明之后,一般国民对此不仅没有抵抗,反而采取了欣然引进西方文明态度,而且有一段时间,

---

① 〔日〕福泽谕吉:《文明论概略》,商务印书馆1982年版,第2页。

甚至轻视日本固有的文化遗产,认为新东西什么都好。"[1]同一作者还告诉我们,在当时,"文明开化"一时成为人们日常生活中的口头禅。社会上出现了种种活跃的议论,从主张废除汉字、进行文字改革,提倡吃牛肉、喝牛奶,到提倡与外国女子结婚,以改良日本国民的体质,这些议论都从不同侧面反映了一般日本国民对西洋文明的热烈醉心态度。

尽管这种过分醉心西洋文明的态度也会带来另外一些新的弊端,但是,这里特别值得指出的是,这种强有力的社会潮流,对排除守旧社会心理的障碍和阻力,推动日本近代化的历史进程有着毋庸置疑的积极作用。而且,对于日本民族来说,值得庆幸的是,由于这种"以西洋文明为目标"的价值观念顺利地成为占社会主导地位的价值取向,从而使日本能不失时机地汲取西方近代先进文化,并且较快取得明显的社会效果,其结果,反过来又使人们更深、更具休地理解了西洋文明的种种优越性。这又进一步加强了日本国民一心一意地汲取这种文明的热情。于是,就形成了一种"开放—枳极理解—开放"的良性循环。这种社会政策与社会心理之间的积极的正反馈过程的出现,很大程度上可以解释明治维新以后,排外的社会思潮为什么没有在日本崛起。

在中国,情况与日本恰恰形成鲜明对比。

正如我们在前面业已分析过的,"中学为体,西学为用"的思想,是那些自认为礼乐教化至善至美的中国士大夫从避害意识角度对西方文化的一种消极反应,其中还包含着对异己的西洋文明"功利末技"欲拒还迎的矛盾心理和不得已的屈尊心理。当洋务派

---

[1]〔日〕吉田茂:《激荡的百年史》,世界知识出版社1980年版,第12页。

士大夫们本身就受这种心理支配的时候,他们是决不可能在中国的庶民百姓中激发起像日本国民中那样强烈而由衷的学习西方文明的热情的。在日本,明治维新派学习西洋文明,是为了使一个民族实现更高远的社会发展目标,在中国,洋务派效法西洋诸国,是为了免除这些讨厌的"洋夷"对天朝构成的外部危机。前者是主动的、积极的,后者是被迫的、消极的。前者是发自内心的,它激发的是一种对更文明进步的未来社会的憧憬;后者是不得已的,心不甘、情不愿的,它充其量只是为了求得恢复传统时代的那种盛世(至少对于相当多数的洋务派来说,正是如此),即仅仅恢复传统社会的原本稳定状态。在相当多的洋务派人士看来,如果不是出于对"洋夷"侵凌造成的大变局的忧惧,大清的臣民们本来是不必为"师夷之长以制夷"去操心费神的。处于这种苦涩的心态之中,洋务派尽管掌有封疆大吏的实权,但他们也决不可能理直气壮地伸张自己的见解,回击国粹派的指责,更不用说像福泽谕吉那样去教育自己的同胞了。

中国民众对西学的社会心态,也与日本国民的心态有极大的不同。中国士大夫和一般百姓,对西洋文明不是极度的排斥、鄙视、轻蔑,就是极度的冷漠。自明代以来,中国士大夫不知外情而又自尊自大,除自己的礼乐教化以外,来自外洋者一概以"洋鬼子"、"番鬼"称之。自明正德以来,葡萄牙人被视为"西洋鬼",红发碧眼的英国人被中国人称之为"红毛鬼";为了对日渐增多的欧洲"红毛鬼"加以区别,又进一步以其国旗区分,国旗有花者为"花旗鬼",语言发音与英美杂然不同者则称之为"杂港鬼",凡此种种,不一而足。这些五花八门的、"鬼"的鄙称,决不能简单地视为"反侵略的爱国主义"的表现,其中也渗透着一种尊己卑人的心理定势或心理定向反应。这种定向反应一旦与政治、军事上的挫折感相结合,很容易发展为一种非理性的文化上的排外心态,并恶性地强化了对西洋先进文明深拒固斥的国粹保守态度。中国的保守士绅后来不幸恰恰走上了这一条路途。

在鸦片战争到甲午中日战争之间的半个多世纪中,中国士大夫与一般民众对西洋文明的极度冷漠态度,也与日本同一时期在接触西洋文明之后的强烈热情态度形成鲜明的对比。也许,最能反映这种对比的强烈性的,是下面这两个数字了:在日本,福泽谕吉在1866年出版的一本介绍西方文化的书籍立刻在日本销售了25万册①,而在中国,江南制造局从1865年开始译印有关西学的书籍,在此后到甲午战争前的30年中,全部销售额合在一起,总计不过为1.3万册②。如果我们再考虑到日本同时期的人口仅为中国的1/12,其土地面积仅为中国的1/25③,这两个数字的对比给人的印象就更为强烈了。人们自然可以从这些数字中悟出洋务运动失败与明治维新成功的社会思潮原因。

两难的抉择

综前所述,我们可以看到,洋务派的思维模式,基本上可以概括为"中体西用"的折中主义——"体用"两叉分类模式。"中

---

① Carmen Blacker: *The Japanese Enlightenment: A Study Of the Writings of Fukuzawa Yukichi*(Cambridge Univ. Press 1970),pp. 7-8.
②《戊戌变法》第二册,第18页。
③ 该数字见于唐才常的《上欧阳中鹄书》(《唐才常集》,中华书局1980年版,第225页)。

学"与"西学"在这个模式中表面上的互容性背后却潜藏着深刻的紧张状态。"中学"之"体"对"西学"之"用"压抑和束缚的结果,使洋务派对西方文化的基本态度不能不是片面的、消极被动的和冷漠的。其结果,深刻的、日益紧迫的外部危机,通过"中学为体,西学为用"的思想机制,引起的只是以洋务派为代表的少数人的肤浅被动反应。这不能不预兆着一场民族大悲剧的渐渐逼近。李鸿章在同治十三年(1874)就曾发出过如是悲叹:

(中国)有用之才,不独远逊西洋,抑实不如日本。日本盖自其君主持,而臣民一心并力,则财与才日生而不穷。中土则一、二外臣持之,朝论(议)夕迁,早作晚辍,固不敢谅其终极也。

如果说日本的明治维新派在自己的国度里一心一意汲取西洋文明不遗余力的话,那么中国的洋务派们却在理智上和感情上面临着两难抉择的困境。他们不能像彻底的理学家倭仁大学士那样去拒绝西学——他们头脑中对理学及圣人之道根深蒂固的信念,阻止他们走向明治维新派那种更彻底的现实主义。他们一方面临着人数更为众多的国粹派的外部精神压力,另一方面又受到内心理学信念的心理压力。思想深层的正统性,使他们在抵挡更保守的国粹派咄咄逼人的攻势时,可以回旋的余地是极小的。他们从传统思想体系中,从尧舜周公孔孟信条中找出为自己辩解的思想武器是极为有限的。在外部精神压力与内部心理压力的双重钳制下,他们很少有趾高气扬的时候。他们似乎总是吞吞吐吐、小心翼翼地讲话。一方面,他们必须时时提防人数众多的国粹派把他们指控为"沉溺夷俗"的"汉奸"、"卖国贼"和"勾引外人，赘婿日本"的"洋奴"、"倭奸"；另一方面，他们内心的现实警觉和危机感，又使他们不得不冒天下之大不韪，渴求从洋人那儿获得一二"秘法长技"。他们如履薄冰地在民族生存意志与正统的圣学信念之间的独木桥上摇摇晃晃。

洋务派畏缩不前，步履维艰，可以从李鸿章下面的话中体会到：

> 自同治十三年（1874）海防议起，鸿章即沥陈煤铁矿必须开挖，电线铁路必须仿设，各海口必应添洋学格致书院以造就人才。其时文相（文祥）目笑存之，廷臣会议皆不置可否。王孝凤、于莲舫独痛诋之。曾记是年冬底，赴京……极陈铁路利益……邸（恭亲王）意亦以为然，谓无人敢主持。……两宫（太后）亦不能定此大计，从此绝口不谈。①

这里，我们还需附带一提的是，洋务派并不是那种有共同政见的政治集团。这些人之间彼此并没有在重大外交内政问题上的统一行动和相互照应。例如，在洋务派中，既有最激烈的主战派，也有最坚决的主和派。他们对具体政治问题的看法往往斑驳陆离，乃至他们之间可以达到相互攻讦、势不两立的地步。这实在也是中国近代史上复杂错综的奇特现象。例如，左宗棠在中法战争中可以与反对洋务最力的保守派徐桐，共同结成反对主和派李鸿章的同盟；张之洞又与同光时代最坚定的国粹派——御史徐致祥、屠仁守等人一起被清代人列入直言敢谏的清流党名单之中，他们

---

① 李鸿章：《复郭筠仙星使书》，《朋僚函稿》卷十七。

以主战的宏论在朝野赢得令名;另一个洋务派大员丁宝桢,则又与食古不化的御史王昕、边宝泉等人一起,在朝廷上面折廷争,坚持要求外国公使们在同治登基大礼时行三跪九叩之礼。凡此种种事例表明,洋务派们仅仅在"中体西用"这一点上有不同程度的一致性外,几乎在其他具体问题上都众说纷纭,各自采取独立的立场。郭嵩焘在同治时曾感叹"枢府无可倚毗之大臣,举朝无可主张之公论,岂惟无同志之援,亦并无气类之应"[1]。这段议论颇能准确地揭示洋务派政治活动的一般特点。这种一盘散沙式的状态,使他们像是以正统体系的陆地大本营为依托的浅水中的弄潮儿——依各人不同的水性,零零落落,离岸或远或近,游离于水岸之间,一个海浪,会使其中某些人继续留在水里,而使另一些人连忙爬上沙滩。而大本营中安之若素的国粹派们,则对他们的种种行动指指画画而已。事实上,他们与国粹派在许多问题上几乎没有明显的界线,相当一批士大夫都具有这种模棱两可的身份。例如,朱克敬动摇于国粹派与洋务派之间的言论就很能说明这一点。

令现代的中国人深感困惑的是,为什么最早认真引导中国人应付西方挑战的政治派别中的大多数人,竟然是这样一些在胆识、素质和气度上堪称平庸之辈的人们?当中国被迫面临命运的严峻考验的历史关头,当中国最需要有远见卓识和魄力的人才来渡过民族难关的时候,为什么不能涌现出像同时代日本福泽谕吉这样一批在应付西方挑战方面富有想象力和进取精神的人物?中国近代士大夫中的国粹思潮极为顽强有力,不得不使整个士大夫阶级

---

[1]《致曾沅甫》,《养知书屋文集》卷十。

在对西方文明的客观认识水平上,处于远比同时代的日本人更低的起点,这一历史条件或许可以解释部分原因。例如,梁启超曾感叹,在甲午战争(1895)前后,堂堂的北京书铺竟找不到一张世界地图。①而一位应聘在日本一所很普通的学校教书的美国学者早在1870年就曾报道,那个学校所藏的西方书籍之丰富,已经达到了令人惊讶的地步。②这种比较也许比任何理论上的论证更能有力地引导人们去思索,同时代的中国为什么不能产生时代所迫切需要的应付西方挑战的人才。

这里要指出另一个重要的原因。在高度专制集权的大一统的传统社会里,有可能占据了解外部世界信息通道的,主要是那些处于沿江沿海商埠的地方封疆大员。也只有这样一批官僚士大夫,才有可能对西洋诸国实力作出比较实际的政治估计,并多少拥有一些决策权和议论权。

而在当时的中国,从第二次鸦片战争到甲午战争以前,三十余年中,在顽强的文化惰性和社会闭塞条件下,中国还没有可能涌现出其他成熟的政治阶层,比这些洋务派们更清楚地认识到时局的严峻性,即使民间个别人士具有超乎寻常的卓识远见,他们也没有可能像这些掌权的洋务派那样,去发挥有影响的政治作用。近乎密封舱似的传统集权结构,乃是一种历史性的限定条件。它制约了:对西方挑战的严峻现实比较客观的认识,对于大变局征兆的觉察。对西方各国情况的认识不能不首先在这样一批以理学精神为其政治支撑点的、以击败太平天国而发迹的"中兴名将"

---

① 《戊戌变法》第二册,第18页。
② 《梁任公先生年谱长编初稿》上册,第11—14页。

等政治人物中产生。如果没有这批人，如果没有这些力图在自己知识和能力范围内去了解强大的西方对手，并力图尽自己的力量去解决现实危机的人们，如果整个大清帝国的政治舞台完全被冥顽不灵的倭仁、徐桐等虚骄的保守派所占据，中国肯定会更加不幸。但是，洋务派这样一批在政治上的保守主义者居然充当了应付中国民族危机的历史角色，这仍然还是近代中国的不幸。因为在这样一批人物中，是注定不可能产生高瞻远瞩的、大智大勇的战略家。沉重的文化历史负担、僵化的社会结构、强有力的保守思潮以及洋务派官僚自身不可避免的政治特点，决定了他们无力去力挽狂澜，以摆脱我们这个民族的厄运。凡此种种因素，实际上一开始就决定了中国洋务运动与日本明治维新分道扬镳的历史命运。

第五章
对洋务思潮的反动：愤怒的清议派的崛起

> 人心溺于功利，则凡行法者皆得借吾法以逞其私，而易一法，适增一弊。故治国之道，必以正人心、厚风俗为先。况法制本自明备，初无俟借资于异俗。
>
> ——〔清〕屠仁守：《以答天戒疏》

近代中国的洋务派始终是时运不济，命途多舛，这不仅由于前一章已分析过的洋务派本身认识水平的肤浅性，而且还由于自强运动的倡导者们，始终没有得到大多数士大夫的理解和支持。这是近代思想史上一个十分值得注意的现象。早在同治初期上海任职时期，李鸿章在办理洋务方面，就可算开一代风气之先者，但是，按清末人士的说法，"不意三十年来，仅文忠（即李鸿章）一人有新知识，而一班科第世家，犹以尊王室，攘夷狄套语，诩诩自鸣得意，绝不思取人之长，救己之短"①。在对待洋务的态度上，中国士大夫官绅阶层中的大多数人，不是水火不相容地对洋务派予以非难和鄙视，就是冷漠地不予合作。这几乎成为同治到光绪中期士林的普遍风气。同治元年（1862）以来，士大夫中极

---

① 《清流党之外交观》，《清朝野史大观》卷四。

少有人愿意报考同文馆。报考者甚至会遭到同辈绝交的威胁。①由朝廷派遣出洋考察者离京后，将被沿途迎送的地方官员背后讥笑为"一群汉奸"②。郭嵩焘出使英伦，招聘随员十余人，几乎没有什么人报名。在广大士大夫眼中，出洋几乎等同于流放。连慈禧太后召见郭嵩焘时，也称"出洋是极苦差事"③。这些都可以生动地说明同光之间这种士林风气的社会普遍性。

更严重的问题还在于，当洋务派倡导的自强运动遭到种种挫折和失败后，尽管在一些更激进的士大夫中激发了维新思潮④，但是在正统士大夫中引起的普遍反应，则是国粹主义的圣学本位意识的进一步强化，以及一种非理性的盲目排外情绪的进一步滋长。这种带有更偏执、更激昂的情绪化色彩的国粹思潮，可以以当时所谓的清议派为代表：

---

①《清流党之外交观》，《清朝野史大观》卷四。
②《清流党之外交观》，《清朝野史大观》卷四。
③《郭嵩焘日记》第三卷，湖南人民出版社1982年版，第50页。
④应该指出的是，比洋务派思想更激进的维新派，也是受洋务运动失败的刺激而发展起来的。中法、中日甲午战争的失败，对洋务派大员在战争中责任的追究，几乎成了无论是保守的还是激进的士大夫一致的呼声。康有为、梁启超这些更激进的士大夫由此来证明，"中体西用"的折中主义已不足以应付中国业已陷入的深重灾难和外部危机。他们认为只有更彻底的变法，才能在弱肉强食的时代实现民族自有的目标。尽管这些在甲午战争后崛起的维新派代表了中国士大夫中最富有生气的力量，并且他们在后来也确实在那短暂而难忘的百日维新时期，成为叱咤风云的政治主角，但是就当时整个士大夫的人数而言，他们人数很少，不能代表士大夫中的主流。严复就曾指出，"(维新党)与守旧党比，不过千与一之比，其数极小。"(《戊戌变法》第三册，第76页)由于本书论旨所限定，我们不能对这一思潮展开正面分析。

数十年来之主持清议,相厉以忠义奋发者,不曰"用夏变夷",即曰"闭关谢使",且动以本朝海禁之开相诟詈。呜呼!是何言欤?①

这些保守的清议派人士严格恪守传统政治信条。他们针对洋务派倡导的自强新政,其态度自然是"沿历朝以来苟安目前之积习。议和约则必援南宋为言,议开矿则必援明季为言,议立会则必从援东林为言。一唱百和,史文络绎……盖率四万万之种类为乡愿世界,而上孤圣德,下累生民者,皆诸臣之罪也"②。

如果说,自强运动是中国近代士大夫阶层对国际大变局持相对现实明智态度的人士,力图在儒家价值观念体系内,为适应西方挑战而作出文化上的自我更新和自我调节的初步尝试的话,那么由于洋务派自强运动的挫折失败,以日益顽强的清议派为代表的国粹主义的进一步崛起,则使儒家文化通过自我更新和自我调节的方法来实现民族自卫的可能性变得更为艰难。而且,正如后来历史所表明的,士大夫非理性化的排外倾向的日益发展,有着一种与中下层民众反抗洋人侵凌而自发斗争相汇流的畸形趋势。在西方压迫日益加深的外部刺激之下,这种畸形趋势,不但导致了中国民族自卫运动中一场空前的大悲剧——庚子国难,而且从长远来看,由于官绅士大夫不能完成民族自卫的根本目标,从而也加速了他们在20世纪初作为一个阶层整体的没落和灭亡,并促

---

① 唐才常:《变涉甄微》,《唐才常集》,中华书局1980年版,第43页。
② 唐才常:《各国政教公理总论》,《唐才常集》,中华书局1980年版,第71页。

成了以激进的反传统精神为基本特征的新一代知识阶层的兴起。这一大变局对具有数千年历史的中国传统儒家文化在现代的式微,具有根本性的影响。

正是在这个意义上,以清议派士大夫为代表的正统士大夫对洋务派自强运动的反动①,是中国近代社会思潮史演变的一大转折点,也是认识从"同治中兴"到庚子国变历史演变过程的一大关键。

保守的清议派对洋务窳败现象的反省

为什么国粹思潮由于洋务运动的不景气而抬头?为什么自强运动的挫折与失败会使那么多以救国为己任的忧国忧民的士大夫被圣学至上的保守原则强烈吸引?我们可以从认识原因与非理性的情绪原因这两个不同方面来加以考察。

从认识角度来看,这种国粹思潮的不断强化与士大夫对洋务运动的种种弊端引起的反省有关。

首先,众所周知,洋务派倡导的自强运动,是在清朝政治统治业已显露出相当的腐朽性这一特定历史时期进行的。就一个王朝内部的生命周期而言,当时的清朝已处于政治控制结构和功能全面退化的时期。一位清议派人士——御史徐致祥曾深怀忧虑地指出,当时的清朝社会,"由外观之,晏然一治象矣,然不知民生

---

① 这里必须申明的是,近代史上的"清议",并非是在洋务运动遭到重大失败以后才出现的,早在洋务派兴起初期,反对洋务运动的正统士大夫就往往以清流、清议自居,而洋务运动消极面的不断暴露,则进一步刺激了这股与洋务派的自强运动相对立的保守思潮,并且日益强烈。另外,必须指出的是,本文使用的"清议派",与近代史上的"清流党"并不是同一概念。

之蠹,吏治之坏,士习之嚣,官方之靡,有难以语言状者。譬如一身,患虚怯症,饮食行动,虽如常人,而气亏内损,一旦发觉,有不及疗者"①。

洋务派官僚,一方面是对中国所面临的空前大变局的敏锐觉察者,另一方面,又是清朝传统政治体制的支撑者。这一双重身份就决定了,他们唯一可能的选择只能是运用业已腐败的官僚机器,把西方近代科学技术和物质成果直接移植到清代原来社会的旧机体上,并试图运用这样的方法来摆脱西方列强加之于中国的民族危机。这种历史性的限定条件决定了,洋务运动,作为一场军事上的西化运动,就不能不具有相当的腐败性和低效率性。早在光绪十年(1884),清议派人士屠仁守就曾揭露过洋务运动中的种种漏洞。他曾指出,洋务派历年通过内造外购的方法,备置机器,大约花去了数千万两银子。"既无成例以核其报销,复无额数以示之限制。无事则夸其足恃,以为出奇无穷;有事则恨其未精,顿觉相形见绌。"②尔后,中国与"蕞尔小国"日本所进行的甲午战争,洋务派多年惨淡经营的,堪称当时世界海军第八位的北洋水师几乎毁于一旦,由此签订了丧权辱国的《马关条约》,辽东与台湾的割让,给予中国正统士大夫以空前强烈的刺激。洋务派在民族自卫战争中的无能表现,从而使正统的清议派士大夫对洋务派腐败的抨击,上升到一个新的高度。例如,徐致祥猛烈地抨击洋务派"制造则偷工减料,购买则侵渔中饱,以海军为利薮,将不选择,兵不训练",以致"闻炮声则胆裂,出洋面则心惊,望影

---

① 徐致祥:《记时势折》,《嘉定先生奏议》卷下。
② 屠仁守:《应诏陈言疏》,《屠光禄疏稿》卷二。

北洋水师舰船。1875年(光绪元年),依洋务派《筹议海防折》,清廷特命北洋大臣李鸿章创设北洋水师。北洋水师于1888年(光绪十四年)12月17日于山东威海卫的刘公岛正式成立。主要军舰大小共有25艘,辅助军舰50艘,运输船30艘,官兵4000余人。舰队实力曾是东亚第一。

则逃,遇败莫救,贻误中国,取笑洋人,李鸿章之罪上通于天"①。尽管这位抨击者免不了士大夫的通病——为了以正视听而在奏折中夸大其词的通病,但多少也反映了洋务派在自强运动中严重消极面的客观事实。

凡此种种在洋务运动中暴露出来的窳败现象,用儒家的语言来分析,自然可以概括在"人心败坏"、"士风不振"这样一些公认的观念表述中。例如,清议派人士褚成博就十分明确地表示,甲午战败,使"中国数十年泄沓欺饰之局,至此始彻底破露……窃谓当今之世,非无治法之患,实无人心之患"②。这段议论颇能

---

① 徐致祥:《绝和议折》,《嘉定先生奏议》卷下。
② 褚成博:《坚正堂折稿》卷二。

代表一般正统士大夫对洋务运动失败原因的基本看法。不但清议派人士是如此看，即使像郭嵩焘这样的开明人士，也早就用同样的语言表达了中国的社会风气败坏与精神面貌萎靡不振对中国自强运动的消极影响。他指出："中国人心偷蔽已甚，其势万不能有济。即富、强二者，未尝无策。然决非今日所能行。无他，天下万事万务，根本（在于）人心，人心流极败坏，以有今日，直无复可以有为之理。"①

既然洋务运动之败是由于人心败坏所引起的，那么在士大夫的观念构架中，解决人心败坏问题唯一的、也是根本的途径，恰恰在于加强圣人之道的修养工夫，在于学术的端正，在于通过对圣人之道的提倡来改造人心。在儒家正统哲学中，只有"内圣"，才能"外王"，只有"正心诚意"，才能"修身齐家"，并进而才能达到"治国平天下"的政治理想。因此，鉴于洋务运动单纯地追求西洋"技艺之末"而造成节节失败的教训，正统派士大夫认为，人们应该充分认真地以圣人之道为楷模，严格地规范自己的立身行事，从而使人内在的精神资源得到充分的发挥。在清议派看来，其结果自然是所向无敌的，只有圣人之道，才能真正地救中国。这就是正统派士大夫在洋务运动暴露出种种消极面之后得出的基本结论。清议派人士徐致祥在甲午战败以后的一份奏折，表现的正是这种圣学本位的基本认识。他断言：

天下之治乱，存乎人心。人心之邪正，存乎学术。……

---

①《郭嵩焘日记》第三卷，湖南人民出版社1982年版，光绪六年（1880）二月二十六日。

南京,金陵制造局火箭分局外景。

未有学术正而天下人心不正,人心正而天下不治者……今纪纲败坏,礼义扫地,廉耻消亡,四维不张。势岌岌矣!忠臣义士,叹息扼腕于下,而莫可奈何。臣独以为,拨乱反治,措天下于唐虞三代之隆,有捷于反掌而无难者,在皇上正圣学以为天下倡耳。①

鉴于同样的推理,徐致祥还乐观地认为,在反侵略战争中,中国方面兵工厂等军事设施遭到毁灭性打击,并不值得惋惜。他奏称,人们认为"船厂再毁,恐失富强之本,不知国之富强,本

---

①徐致祥:《请举行经筵折》,《嘉定先生奏议》卷下。

南京，金陵制造局制造车间。

不在此也。未有商局、船厂以前，中国富强，仍以百倍于今日"。根据他"人心为富强之本"的见解，他建议朝廷与其把巨款用于重建船厂，不如把经费用来犒赏勇敢的士卒和忠诚的士大夫，以鼓舞士气，因为"治国之要，惟在任人，不在任法，为有人即有法也"①，士气才是克敌制胜的根本。②他还举例说，既然湘军淮军"士气振奋"，"昔可以荡十数省之积寇，今独不能制四五国之强夷乎"③？

洋务派通过内造外购装备起来的西式武装力量，在中法、中

---

① 徐致祥：《议和战事宜疏》，《嘉定先生奏议》卷下。
② 徐致祥：《奏止开艺科预防微渐疏》，《嘉定先生奏议》卷下。
③ 徐致祥：《奏止开艺科预防微渐疏》，《嘉定先生奏议》卷下。

南京,金陵制造局火炮试验。

日战争中的全局糜烂,不堪一击,也使清议派对西洋军械能否有利于自强表示怀疑。他们认为,当年左宗棠《请拓增船炮大厂以图久远折》内称,如能筹二三百万金,矿炮可以并举,但如今"用款已逾几十倍,历时已三十年,果有为国家竭忠御侮者乎"[①]?他们还认为,"一船之价,倾中人万家之产;一炮之费,损士卒百口之粮。器则日新,财则日匮"[②],而且"洋款累至千百万之多,偿还摊至数十年之后……竭江海以注漏卮,不待有事,已先自困矣"[③],因此他们自然认为洋务派"剜肉补疮,无裨于自强之计"[④]。

---

① 屠仁守:《坚正堂折稿》卷二。
② 屠仁守:《应诏陈言疏》,《屠光禄疏稿》卷二。
③ 屠仁守:《以答天戒疏》,《屠光禄疏稿》卷三。
④ 屠仁守:《通州不宜开铁路疏》,《屠光禄疏稿》卷四。

福州船政局，又名福建船政局、马尾船政局，清末由闽浙总督左宗棠创办于1866年，是中国近代最重要的军舰生产基地，李鸿章赞其为"开山之祖"。后在继任船政大臣沈葆桢的苦心经营下，船政局成为当时远东最大的造船厂。

如果说，在有些正统派那里，对洋务派的抨击，主要是指责其浪费的话，那么各次战争的失败，则引起相当一部分保守人士对洋兵器本身的实际功效都持否定和怀疑的态度。他们有的人认为，"自强之策，不务修道德，明刑政，而专恃铁路，固已急其末而忘其本。"① "古之为国者，谋及卿士，谋及庶人，谋及卜筮，未闻谋及滑商者。"②他们攻击洋务派"溺于机巧之心，经国远猷，运以商贾之智，妄谓古道不可行于今日，诩才能、推干济，功利之外无他术焉"③。正统士大夫圣学本位的价值观念与他们对西方

---

① 屠仁守：《通州不宜开铁路疏》，《屠光禄疏稿》卷四。
② 屠仁守：《通州不宜开铁路疏》，《屠光禄疏稿》卷四。
③ 屠仁守：《奏陈求治当务本图疏》，《屠光禄疏稿》卷一。

军事武器和现代机械的憎恶感交织在一起,以致大学问家王闿运在《陈夷务疏》中写出那样可笑的论断:

> 火轮者,至拙之船也。洋炮者,至蠢之器也。船以轻捷为能,械以巧便为利。今夷船煤火未发,则莫能使行;炮须人运,则重不可举。若敢决之士,奋忽临之,骤无所恃,束手待毙而已。又况陆地行战,船炮无施,海口遥攻,登岸则困。麇而击之,我众敌寡,以百攻一,何患不克。……(故)机器船局,效而愈拙。①

如果说,洋务派由于对中国面临世界大变局的警惧,引起的是一种外部的危机感,那么清议派人士对自强运动的抨击却是由于他们对社会道德、伦理秩序的败坏而产生的内部精神危机感。洋务派的外部危机意识导致他们向西方去谋求富国强兵之道;清议派的内部危机意识,则导致他们对儒学传统政治、道德、学术的固有规范和原则,竭力加以强调。自强运动失败之后,"以理学维持世道人心",在清议派那里,则成了摆脱深重的民族危机的基本途径。

以清议派为代表的保守思潮,作为对自强运动的反动,它的崛起还与一种非理性的情绪化因素有关。

清朝在历次反侵略战争中的失败和割地赔款,理所当然地激发起中国士大夫和民众的民族主义的爱国反抗热情,但是,由于正统士大夫昧于国际大势,缺乏对中外实力比较的起码知识,遭

---

① 王闿运:《陈夷务疏》,《湘绮楼文集》卷二。

受失败和挫折之后的愤慨感,很容易转化为不顾时势和条件可能性的求战心理。按郭嵩焘的说法,这些清议派人士,面对中国的战败和蒙受欺凌,"无论曲直、强弱、胜负、存亡,但一不主战,天下共罪之"①。唐才常也同样指出:"以清议自许者,惟痛诋西学,目为异类……湘人虚骄尤甚,辄为大言曰:'夷人特深畏我湖南耳!'及问其所以制敌之策,则曰:'恃我忠义之气在。'"②反映的正是清议派人士不顾客观条件地迫切希望通过决一雌雄来报仇雪耻的虚骄心理。处于这种焦躁心理状态之下,清议派等保守士大夫历来尊奉的理学,又是一贯侧重于强调"民心可恃"、"气节为本"以及以道义上的正邪来判断战争胜负的根本尺度,圣人之学中这种强调道德力量的基本原则,恰恰为清议派急于宣泄内心屈辱感的求战求胜心理,提供了"理由化"的条件。清议派可以在这种圣人之道原则的文饰下,高唱主战的大言高论,满足了人们急于宣泄屈辱感的未遂愿望。这种高唱"尧舜孔孟周公之道",来文饰其虚骄心理的主战言论,可以以王闿运的下述议论为代表:

> 御敌之道,但当论我之欲战不欲战,不当问战之能胜不能胜。孔子曰:"三军可以夺帅,匹夫不可夺志",故弱女夺掌而纣虎避路,相如张目而秦王击缶,岂力能胜之哉?志以为必胜也。……今不论事宜而先言胜败,故臣以为不必论者,三也。③

---

① 唐才常:《上欧阳中鹄书》,《唐才常集》,中华书局1980年版,第228页。
② 《郭嵩焘日记》第三卷,湖南人民出版社1982年版,第375页。
③ 王闿运:《陈夷务疏》,《湘绮楼文集》卷二。

于是，我们发现，在列强侵略加深的历史条件下，出现了西方刺激与中国正统士大夫反应之间的消极性循环：民族危机越是深重，中国在军事上越是一败涂地，正统士大夫越是有充分理由从这种"人心浇漓"、"气节卑靡"的现象中坚定"砥砺于实学"的国粹主义信念。与此同时，洋务派原先就并不彻底的"中体西用"、"师夷之长以制夷"和"讲求时势"、"仿效西学"的战略选择，则成为这些谙于圣人之学而昧于国际时局的清议派为代表的正统士大夫攻击的目标。这些国粹派还以一种咄咄逼人的、慷慨激昂的主战言论，迎合了社会上的虚骄心理，博取了社会上的好感，从而又形成朝野上下，对清议派不达时务的大言高论崇拜交誉的局面，令明了世界大局的开明人士几乎陷入"四面楚歌"的窘境。曾纪泽曾悲愤地写道："吾华清流士大夫，高论唐、虞、商、周糟粕之遗，而忽肘腋腹心之患。究其弊，不独无益，实足贻误事机，……纪泽自履欧洲，目睹远人政教之有绪，富强之有本，艳羡之极，愤懑随之。然引商刻羽，杂以流徵，属而和之者几人？只能向深山穷谷一唱三叹耳。"①像曾纪泽这样的明达世界大局的英才，竟因中年不得志，郁郁而死，而那些"动辄可使制梃挞秦楚之坚甲利兵为言"的清流派人士，却"坐致时誉，身名具泰"。

---

① 曾纪泽：《伦敦致丁雨生》，《曾纪泽遗集》，岳麓书社1983年版，第171页。

曾纪泽,中国清末著名外交家,曾国藩之子。《里瓦几亚条约》签订后,清廷颁发上谕改派出使英法公使的曾纪泽兼任出使俄国公使,赴俄谈判改约。经半年多交涉,与沙俄代理外交大臣吉尔斯在圣彼得堡签订《中俄伊犁条约》和《改订陆路通商章程》。

应付心理困境的新途径:文饰作用与曲解作用

以清议派为代表的保守思潮,在民族危机加深的历史条件下崛起,与其说使正统士大夫寻找到了摆脱困境的出路,不如说使他们陷入了更深的文化困境,空洞的圣学本位立场,虚骄而不切实际的大言高论,昧于中外力量对比的偏执求战心理,这种更激进的保守主义应战方式,只能导致中国更大的挫折和失败与士大夫内心的屈辱感、愤懑感的日益加深。光绪二十三年(1897)唐才常在《湘报》上发表的一篇时论颇为淋漓尽致地揭示了这种以保守性和虚骄性为基本特征的社会态度：

> 数十年来徒以清议相持者，人之富强，弗问也，己之贫弱，弗知也，彼与我同为舍生负气之伦，弗顾也。但一言外交，则"夷耳夷耳"，不知我夷彼，而彼且夷我于三等土蛮也。……呜呼！遍中国皆如是，后来肯从事交涉者，伊何人矣！则试问方今世局，能凭盛气，奋空拳，孤注君父以求一逞耶？抑仍将缔好结盟，通商惠工，徐观其后耶？……平时于交涉一途，未曾梦见，或时露其鄙夷非笑之心，自翘异于人；有事则指摘素所嫉妒一二人为诿过地，且市忠愤名于天下。……吾悲政学之晦至于此极，……沉痛悲切，抑郁欲死，尚可言哉，尚可言哉？①

大多数正统士大夫观念和思想上的自我封闭，对国际时局毫无求知之心的虚骄态度，在遇到中国军事上和外交上的屈辱和失败之后，就必然导致正统士大夫情绪上一种愤无所泄的非理性心理状态。唐才常指出：

> 今世士夫，不务所以自存于争妫鱼肉之秋，但一言外交，则攘臂诟骂，涕唾交颐。吾不知如彼其攘臂诟骂，涕唾交颐，遂能使彼数十雄国，畏我骄，厌我惰，相帅而去焉，否也，

---

① 唐才常：《各国猜忌实情论证》，《唐才常集》，中华书局1980年版，第127页。

抑仍将讲求交涉应付之学，以通其隔阂也？①

这种屈辱感和挫折感，在国粹派那里，既不能通过向西方求自卫之术的方式来排遣，也不能通过战争上打击敌人、报仇雪耻的方式来排遣。心理上的焦灼感，沉重地压抑在人的心头，难以通过合理的正常方式加以疏导和宣泄。为了摆脱这种受压抑的焦躁感对人们精神和身体的长期不良刺激，人们往往会不自觉地以某种方式把产生挫折的现实，加以主观的重新理解和"改变"，以便减弱或消除心理上的不安和痛苦折磨。这种在潜意识中进行的心理自卫活动，在心理学中，被称为心理防御机制。

以心理防御机制为手段来应付西方挑战强加给中国正统士大夫的精神刺激，可以说是一种走向绝境的前兆。这一社会群体性的心理现象的出现，是认识中国近代士大夫及民众社会思潮史演变过程的一个不可忽视的关键因素。

在正统士大夫身上表现出来的心理防御机制，就其中比较有代表性和普遍性者而言，我们大体上可以列举出以下几种类型。

文饰作用

文饰作用又称为"理由化适应"，当人们不得不接受某一令其憎恶或屈辱的既成事实，而又为了避免由此引起的屈辱和羞耻感，往往会无意之中寻找出若干理由来证明：该既成事实，实际上是"合情合理"的、"有益无害"的，甚至不但不会使自己蒙耻受辱，

---

① 唐才常：《各国猜忌实情论证》，《唐才常集》，中华书局1980年版，第120页。

而且我们还应该深感庆幸，等等。一旦人们在理智上相信了这一种文饰化的自我解释，他们内心的屈辱感就顿时会得到一种排遣和解脱。①

同治时期，御史吴可读就各国公使觐见中国皇帝的礼仪问题呈交朝廷的一份奏折，便是正统士大夫文饰作用表现的一个具有典型意义的生动例子。

同治十二年（1873）6月，年轻的同治皇帝将举行亲政大礼，俄、英、德、法、美等各国驻华公使联衔向清廷照会，要求按国际惯例，参加觐见。同时，根据《天津条约》有关条款的规定，外国公使觐见中国皇帝时，将按国际外交礼仪，行免冠鞠躬礼——即不再按中国传统礼仪要求行三跪九叩之礼。

各国公使的这一要求，使清朝君臣顿时陷入两难境地。吴大澂的奏折颇能反映朝臣们当时的窘境和矛盾心理。他在奏折中指出：洋人公使希望瞻仰我大清皇帝的天颜，是一种有诚意的表现，恐怕难以拒绝。但是，朝廷礼仪是列祖列宗所遗下的制度，如果殿陛之下，俨然有不跪之臣，不但国家无此政体，而且在朝廷上那些司礼诸臣于内心何以自安？因此，如果让洋人破坏三九之礼的祖制，"不独廷臣以为骇异，即普天下之臣民，亦必愤懑不平"②。

一方面，中国天子作为"天下共主"的尊严和祖制的神圣不可违离，使朝臣们力图拒绝洋人在觐见礼上悖离中国祖制。另一方面，实力雄厚的西方列强又以《天津条约》的明文规定和国际

---

①鲁迅笔下的阿Q挨打之后，无力通过还手报复来宣泄其屈辱感，便以"儿子打老子"这一杜撰的理由聊以自慰，此便是文饰作用的表现。

②《筹办夷务始末》卷八九。

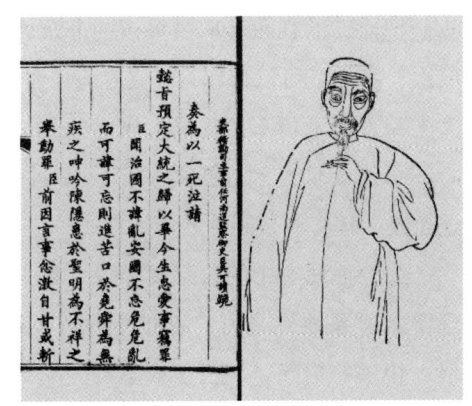

刊载吴可读画像的文集。光绪五年,吴可读以尸谏的形式,请求为同治帝立嗣,成为光绪初年的一个政治事件。

外交礼仪规则相要挟。如果应顺洋人们的要求,大清臣子将来何以有面目见列祖列宗?如果对洋人要求予以拒绝,岂不又给对方提供口实,使其指控中国破坏《天津条约》?对方岂不又会借机引出新的事端?朝廷内外,知书识礼的君臣们绞尽脑汁,进退维谷。

在这种情况下,御史吴可读,一位极端坚持纲常原则的人物,呈交了一份堪称奇文的奏折,内称:

> 洋人无异于禽兽,使其行三跪九叩之礼,有如强禽兽而行五伦之礼,能使其行,不为朝廷之荣,不能使其行,亦不足为朝廷之辱。各大臣以为不能使各国使臣从中国之礼,为中国之羞,臣窃以为,使各国使臣行中国之礼,反为中国之羞。

一旦我们把洋人视为禽兽,"它们"就不配行只有我们人类才有资格行的三跪九叩之礼。我们也完全不必因为他们不行三九之礼而感到屈辱、羞耻和恼恨了。在现代人看来,吴可读这一份奏折中的言论之荒谬无稽,几乎达到不可思议的地步。但是,只要我们把研究的视角转向吴可读的非理性化的那个层次——潜意识层次，我们就可以理解，正是这种"洋人禽兽论"，能够使正统士大夫一方面不得不接受令人屈辱的既成事实，另一方面又能使内心不再遭受恼怒和挫折的刺激，收到摆脱内心精神痛苦的奇效。这正是心理防御机制的妙用所在。

这种把现实中的苦果文饰为"甜果"的心理现象，往往被心理学家形象地称之为"甜柠檬机制"（因为现实的柠檬是酸的）。但，相反的情况是，把争取不到的甜果想象为不值得为之惋惜的"酸果"，以此来否认这种追求和努力所具有的价值和意义。

朝廷果然欣然接受了这份著名奏折的解释，同治皇帝应顺了各国公使提出的要求，让洋公使们在同治十二年（1873）6月29日以鞠躬礼觐见了中国皇帝。

吴可读在该奏折中反映出来的潜意识的文饰心理，在当时并不仅仅是一种个体的心理，而是一种十分普遍的社会心理现象。我们可以例举当时清廷官办的《京报》对于这次同治皇帝接见外国公使的报道为证。《京报》对这次觐见的描绘是：英国公使先诵国书，约二三语即"五体战栗"，以致同治皇帝向他问话都无法回答。其他各国公使相继觐见时，据称，有的在中国皇帝的天威面前"双手颤抖"，以致其奉呈的国书失落在地，有的在恐惧之余"双足不能移动"。回到休息处所，公使们"汗流浃背"，以致无法赴宴。……该《京报》还称：恭亲王在此时开始教训各公使：

吾曾语尔等谒见皇帝，非可以儿童戏视，尔等不信，今果如何？吾中国人，岂如尔外国人之轻若鸡羽者耶！①

这种漫画式的讽刺性描述，与其说是新闻报道，不如说是在文饰心理支配下海阔天空的想象和发挥。尤其是恭亲王的"训话"，正是中国国民受屈辱欺凌之后，渴望摆脱这种屈辱感的潜意识曲折反射。它满足了作为报道消息者的官方与士大夫读者同样的社会心理的深层要求。

曲解作用

这是正统士大夫用以排遣内心屈辱感与挫折感的另一种潜意识心理防御手段。当人们既无力回避又无力通过现实的手段去改变、消除他所憎恶和反感的事实时，为了避免该既成事实对自己精神的痛苦刺激，人们往往会不自觉地把该事物的消极意义加以曲解和美化。这种解释活动的潜在宗旨，在于减少该信息的消极意义与人们固有的见解、信念、立场之间的差异和矛盾。②当人们把某一事物的消极意义曲解为具有积极意义时，该信息就与人们固有的信念体系和立场、价值尺度之间的差异不再存在，在这种情况下，该事物就不再是令人难堪或痛苦屈辱的了。③

---

①转引自陈恭禄：《中国近代史》，商务印书馆1936年版，第278页。

②〔美〕弗里德曼、西尔斯、卡尔史密斯：《社会心理学》，黑龙江人民出版社1984年版，第351页。

③这种对现实信息的潜意识曲解与人们在认识过程中的认知失误完全不同。认知失误是主体由于主客观条件的局限性而没有正确地反映客观现实。曲解则是主体旨在于下意识地寻求自我安慰而歪曲事实，以此来避免精神痛苦的心理防御手段。

从同治到光绪中期，在士大夫中广泛流行的泛教化论，便是"曲解作用"的典型表现。

泛教化论的出现，有理性层次与非理性（即潜意识）层次两个方面的原因，在本书第二章里，我们从中国传统范畴的语义模糊性与"圣学投影"的思维方法这一认识思维角度分析了泛教化论产生的理性层次上的原因。在这里，我们还要进一步指出，士大夫潜意识中的心理防御要求，是导致正统士大夫津津乐道地鼓吹泛教化论的非理性层次的原因。

例如，泛教化论的著名提倡者俞樾在光绪前期把洋人的"心计之奇巧，器械之精良"的意义，曲解为"天实启之"，"使之自通于中国"。然后，俞樾由此进一步断言，"天下大势，分久必合"，"今远人来欢"，"乃分而必合之征"。他预言其结果则是："中国将出大圣人，将合大九州岛（包括欧美各洲）而君之。""以复神农以上之旧"的天意，将通过洋人的奇巧心计和精良器械而实现。①

同样的曲解作用，还表现在李元度的论断中。李氏把西方近代文明的"舟车、器械、天文、算学"不自觉地曲解为上天"使（洋人）染于尧舜孔孟之教"的工具，从而得出如下结论："当此中天景运，圣教被于绝域，必自今日始矣。"②

此外，李元度把西洋各国来华人士学习汉语、译读四书五经，解释为不知礼教的、落后的西洋人，正在改变自己的陋俗。他还把英国某一教派重视宗教实践，解释为是尧舜孔孟的正教传到了

---

① 俞樾：《国朝柔远记·俞序》。
② 李元度：《答友人论异教书》，《皇朝经世文续编》，光绪十四年(1888)版。

西洋各国,由此来证明洋人已自己觉悟到过去的种种错误,从而改邪归正,迁乔出谷。①

综上所述,西方侵略中国的种种信息,经过泛教化论者的曲解、过滤,统统变成与正统儒家观念体系中的"天下中心论"、"礼教至上论"、"用夏变夷论"相一致的东西。洋人的轮船大炮变成了实现"圣人之学"传播异域的工具和手段,洋人的器械之学成了上天诱导洋人渐染孔孟之教的媒介物,并以此来证明"吾知百年内外,尽地球九万里,皆当一道同风,尽遵圣教,天下一家,中国一人之盛,其必在我朝之圣人无疑矣"②。

一旦人们真诚地相信这一结论,那么洋人迫使中国签订赔款割地的《南京条约》《天津条约》《北京条约》所产生的挫折与屈辱感,就自然会烟消云散,至少也会在一定程度上有所减轻。

正统派士大夫的迁怒心理及其表现

随着中西文化冲击日益激烈,洋人侵凌日益加深,民族危机日益严重,人们对西方列强的愤怒仇恨和憎恶感也相应地增长。由于西方列强武力强大且又远在天涯,又由于在华洋人受治外法权保护,中国士大夫的憎恶感与仇恨情绪受到上述各种客观条件的限制,当这些受压抑的情绪无法直接地向西洋各国和洋人直接表达时,有时就会转向另外一些比较容易接受这种情绪发泄的客体对象上去。长期积压于内心的情感转移和以此方式实现的宣泄,

---

①李元度:《国朝柔远记·李序》。
②李元度:《国朝柔远记·李序》。

可以减轻人们心理上的负担,并在一定程度上恢复精神上的平衡,这种心理防御机制,可称为"转移作用"或"置换作用"。日常生活中常见的"迁怒于人"便是"转移作用"的一种常见形式。

从心理学角度而言,能够充当人们迁怒对象的事物,往往或多或少具有以下一些特点。

首先,该客体对象与原先激怒人们的事物(或称挫折源)具有某种相关性,从而使人们在主观上往往不觉自地把该对象与挫折源置于连续的统一体中来对待。这样,人们就很容易不知不觉地把自己对挫折源的恼恨与自己力图施以报复的行为,投射、转移和发泄到该客体对象上去。

其次,充当人们迁怒对象的客体,往往是易于接受人们的攻击性行为而较少有可能对攻击者施以反刺激和反报复的客体对象。这样,就使人们的迁怒行为能顺利地完成而不致受到阻碍。正是在这个意义上,鲁迅笔下的阿Q被假洋鬼子痛打而深感恼怒时,却把静修庵的小尼姑这样的弱女子——较之狠揍过阿Q的王胡,更易于成为阿Q发泄其"晦气"的对象。

第三,人们选择的迁怒对象,往往表面上具有一些可供攻击的正面"理由"。这些"理由"越是显得充分、合理和冠冕堂皇,人们就越会认为自己对该事物的攻击和发泄恼怒是正当合理的。人们迁怒于"替罪羊"时,也就越是理直气壮,而在迁怒心理驱使下产生的攻击行为,就越会受到正面理由的文饰和掩盖。

根据以上这些条件来看,西方科学技术及洋人舶来的物质文明中的各类事物,便成为正统士大夫转移对洋人恼怒感和憎恶感的最合适对象。首先,西学为洋人所带来,与洋人连为一体。其次,反对西学并不会引起洋人的反刺激。第三,西学作为不合圣人大经大法的"旁门邪道"又具有可供攻击的正面理由。①

正统士大夫对西学的非理性迁怒作用，在倭仁反对西学的言论中可以得到充分的证明。倭仁断言：

> 如以天文、算学必须讲求，博采旁求，必有精其术者，何必夷人，何必师事夷人。且夷人，吾仇也，咸丰十年，称兵犯顺，凭陵我畿甸，震惊我宗社，焚毁我园囿，戕害我臣民，此我朝二百年来未有之辱，学士大夫无不痛心疾首，饮恨至今，朝廷亦不得已与之和耳，能一日忘此仇哉？②

倭仁论调的根本实质是：西学是仇人之学，我们恨仇人，所以我们就应该恨西学。并且，通过恨西学，我们对仇人的恼怒和义愤也就得到了宣泄。

这位大学士明显不合逻辑和常识的论断，在事实上却被正统士大夫广泛接受，并且使当时的洋务派处于守势，很大程度上是因为这一论断本身所蕴含的转移作用的心理，迎合了广大正统士大夫潜意识中同样的心理要求。③

实际上，随着帝国主义对中国侵略的加深，倭仁这种把西方

---

①中国近代正统士大夫仇视西学,讲求西学者被视为"名教罪人"、"士林败类",也同样有着理性层次与非理性层次(潜意识层次)两个方面的原因,本书第二章对国粹思潮认识心理基础的分析是从理性层次上着眼,在本章中我们则侧重于分析士大夫排外性的非理性层次。这两个层次实际上是交互影响和互为依托的。

②引自《国朝柔远记》卷十六。

③韩文举:《国朝六大可惜论》:"庚申年,恭亲王洞达时变,倭文端公一言总之。"载《皇朝经世文三编》卷四。

近代文明当作迁怒对象来攻击的社会心理，不但在正统士大夫中，而且在平民百姓中也有着日益广泛的发展。

这种对西洋文明的憎恶感，不但受到圣学本位理性思维的支持，而且受到潜意识中迁怒心理机制的支持，从而显得特别顽强有力，并带有强烈的情绪化色彩，郭嵩焘给李鸿章的信中写道："中国人心有万不可解者……一闻修造铁路、电报，痛心疾首，群起阻难，至有以见洋人机器为公愤者。"他还指出，曾纪泽仅仅因为家事乘坐小轮船至长沙，就引起湖南官绅群起攻击，以致闹了数年。后来，郭氏乘小火轮返湖南家乡，湘人焚其火轮。[1]这种遍于士大夫的极端憎恶西方物质文明的情绪化社会心理，决非圣学至上的卫道观念这一单纯的理性因素可以解释。

由于痛恨洋人侵略中国而迁怒于西洋近代文明及各种西洋器物的社会心理，在庚子国变时期，在义和团和一般百姓中表现得更为强烈。据史料记载，义和团"最恶洋货，如洋灯、洋磁杯，见即怒不可遏，必毁而后快"[2]。我们在下一章将更详细地分析这一现象。

正统士大夫迁怒的第二类对象，是对郭嵩焘、曾纪泽这样一些公开赞扬过西洋文明的开明士大夫，对他们予以憎恨和攻击。

从心理学角度而言，人们对伤害过自己的对象自然会产生厌恶和愤怒的否定性情绪体验，当一种令人憎恶的对象受到赞扬时，人们就会立即对该赞扬者表现出愤怒和仇视。郭嵩焘、曾纪泽都先后到过西方，并在国外和回国后对西方文明的先进政教和科学

---

[1]《清流党之外交观》，《清朝野史大观》卷四。
[2]《天津一月记》，《义和团》第二册，第141页。

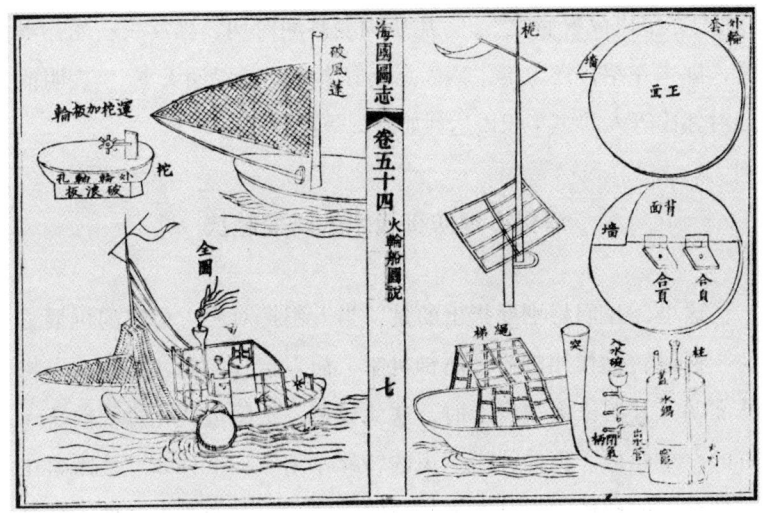

　　1862年,曾国藩在安庆建立了一个军械所,招揽专门人才。1862年4月,军械所奉命开始试造火轮船。第二年11月,造出了一艘蒸汽动力船,但由于技术原因,这条船只行驶了一里路就开不动了。改进技术后,1865年中国第一艘有实用价值的蒸汽船"黄鹄"号建造成功,这条55尺长、25吨重的船,时速22华里。虽然它不起眼,但却是中国人自己造的。上图为《海国图志》记载的火轮船图说,但从上文曾纪泽在家乡的遭遇可见,湖南乡绅群体并不认可火轮船的技术推广。

技术作了客观如实的报道。同时,他们还主张向西方学习富强之道。这样,就十分自然地使人们把他们放在与挫折源(西方列强)连续的同一体之中来加以认同。正统士大夫对洋人的侵凌所产生的愤怒感很容易宣泄到他们身上。郭氏从英伦返回,"偶言泰西立国有本末,都人哗骈,万矢丛集,赍恨以终"①。曾纪泽返国,

---

① 唐才常:《各国猜忌实情论证》,《唐才常集》,中华书局1980年版,第127页。

"朝士亦多以汉奸目之"①。庚子国变高潮时期,郭嵩焘已死,当时,郎中左绍佐还上奏,戮郭嵩焘等人之尸"以谢天下",表明他们对郭氏等人的多年积愤达到如此刻骨铭心的地步。

消极心理防御战术的畸变趋势

这里,我们特别要指出的是,当人们把对西方侵略的仇恨感情,通过转移作用的心理防御机制,而直接投射到西学、西方物质文明及开明士大夫身上时,这就导致了中国近代化过程前所未有的严重障碍。因为,潜意识的转移作用——这种非理性因素比圣学至上的理性因素具有更顽强的力度和相对的不可逆性。更具体地说,如果人们仅仅从圣人之道的本位立场,把西学视为异端来加以排斥,这种认识思维上的错误,一旦在现实生活中碰壁,那么人们往往可以通过理智活动的自我调节能力和反省能力而自行纠正对盲目排斥西方文化的错误态度,从而达到对外部环境挑战的重新适应(正如在洋务派那里出现的情况)。但是,一旦人们把憎恶西方文明及其物质技术成果视为排遣对洋人仇恨的迁怒对象和"替罪羊",问题就反了过来,并变成这样一种恶性循环:洋人侵凌越深,士大夫精神上的痛苦越深,人们就越是迁怒于西方文明,以此来减轻内心被压抑的情绪和精神痛苦;对西洋文明的否定和排斥,又使中国更为落后和贫弱。结果,中国就越是容易遭到列强进一步的欺凌,从而蒙受更大的损失。新的屈辱和憎恨,由于找不到合理的疏导途径,又不得不在转移作用的心理机制下,

---

① 《清流党之外交观》,《清朝野史大观》卷四。

迁怒"西学",从而导致更盲目的非理性排斥西方近代文明的社会心理,周而复始的恶性循环又重新开始。

在中国近代史上,中国正统士大夫与民众反抗西方列强的民族自卫斗争,往往与文化上的排外主义交互激荡、同步发展,并在1900年达到庚子国变这一登峰造极的地步,此是中国近代文化史和政治史上一个十分突出并值得人们充分注意的历史现象。这种中国近代史上特有的文化—社会现象恰恰与本书第四章第三节提到的明治维新时代日本知识界与民众对西学积极态度的良性循环形成十分鲜明的对比。造成这种根本不同的因素固然是多方面的,但是,本节所阐述的转移作用,这种非理性因素对中国正统士大夫与一般民众对西学态度的消极影响,无疑是一个不可忽视的原因。

必须指出的是,在个体心理学中,心理防御机制有免除焦躁感等消极情绪对人体及精神过重刺激的积极作用,但是,当我们运用心理防御机制的理论来分析近代正统士大夫的社会政治态度和行为时,我们就会发现这种非理性的因素,具有严重的消极性。因为,保守的正统士大夫一方面无力回避西方文化的强烈冲击力,另一方面又不愿意对传统文化自身予以适应性的内部更新。处于这种两难困境的条件下,正统士大夫们不得不以心理防御手段作为减轻主观上的精神挫折感的解决办法。

正统士大夫的群体心理防御机制的消极性,主要表现在以下几个方面。

首先,这种心理防御机制,仅仅是应付士大夫内心焦灼感的主观手段,而不是认识客观事物的手段。它们不但不能帮助人们如实地认识西洋近代先进文明、中西文化冲突、国际上弱肉强食的大变局以及中国面临的日益深重的民族危机这些客观现实,而且心理防御机制要达到减弱或回避主观上的精神不安和消除痛苦的目标,恰恰是以扭曲、颠倒,乃至否认客观事物真实状态及客体对象真实属性的高昂代价来实现的。因此,心理防御机制的功能和目标决定了它对客观现实的歪曲性。

其次,心理防御机制对士大夫精神上的"镇痛"功能,又必须以人们(在理智上无法意识和觉察到)对客观现实的歪曲、颠倒为其存在的先决条件。换言之,如果人们主观上意识到自己为实现自我安慰而在进行文饰、曲解和转移的心理活动的话,那么,文饰作用、曲解作用、转移作用等心理自卫的功效则会立刻失效。[1]正因为如此,当人们越是有求于用心理防御手段来排遣这种否定性情绪体验时,他的理智就越不可能发现自己在受文饰、曲解、转移等各种心理防御机制的活动支配。因此,心理防御机制的实现,又必须以主体对自己的心理防御活动的不自觉性为存在的第二个基本条件。

综上所述,心理防御作用对现实的歪曲性与对这种歪曲性的无法觉察,恰恰是这种机制完成其精神镇痛作用的两个相互依存的前提。当人们经受的精神痛苦越深,人们越是在下意识中需要以这种消极的心理防御机制作为摆脱痛苦的基本手段,由此人们在行为中和思想中对客观现实的悖离和歪曲,就越为严重。正因为如此,当近代正统士大夫在民族危机日益深重的历史条件下,

---

[1] 例如,在日常生活中,一个在外面受到屈辱和恼怒的人,回到家中,无意中把自己的子女当作"出气"对象时,他往往有许多文饰自己出气行为的理由,一旦他发现自己对子女的惩罚是出于迁怒的话,他自然不再出现对子女的迁怒行为。

把消极的心理防御机制作为避免西方挑战和中国民族危机强加给他们的精神刺激的手段时，他们就必然地陷入"盲人骑瞎马，夜半临深池"的危险境地，陷入一种饮鸩止渴的恶性循环。正统士大夫的这种社会心理有一种难以自我抑制的畸变趋势，这种趋势对中国近代社会思潮的影响是不容忽视的。

清议派与天津教案：不祥的先兆

这里，我们将通过天津教案这一事件，来分析复杂的历史条件下形成的上述群体性社会心理，对中国民众与士大夫反洋教斗争产生的一些消极影响。

天津教案的发生，与中国近代史上的其他教案一样，有着深刻、复杂的社会政治原因与文化冲突原因。例如，帝国主义以不平等条约的规定把西方传教事业强加给中国，从而在中国民众与士大夫中引起反感；洋教士良莠不齐；教民中的败类以教会为护符，武断乡曲，欺凌孤弱[1]；教会宣扬的教义与中国传统伦理文化的激烈冲突（如洋教会不许信教者拜神礼佛、祭祀祖先等等）；中

---

[1]《蠡测卮言》："至道光咸丰间，法人屡遣教士学习华语，奔走四方开设讲堂。于是奸民遂借进教为护符，诈乡曲，凌孤弱，占人之妻，侵人之产，及至事发，教士私相袒护，或匿之讲堂，或纵之海外，人民怨极，群思报复。"

1871年,天津教案后的仁慈堂。

西文化不同而引起的误会①；教会慈善事业的某种弊端……凡此种种多方面因素的结合，使士大夫官绅及一般民众与洋人教会之间的矛盾一直十分尖锐。随着西方列强侵凌步步深入以及中西文化的冲突在近代日益剧烈，民众与教会的矛盾也日趋激化。中国近代史上的教案有着民众反抗西方列强侵凌的自发斗争与中西文化冲突斗争的两重性质。天津教案是中国近代史上最大的教案，卷入这次教案事件的各阶层人数众多，清议派人士及正统士大夫在这一事件中的态度，对我们认识中国正统士大夫与民众在反洋教的斗争中表现的社会心理方面的一些消极特点，以及这些特点对中国近代社会思潮发展趋势的不良影响，具有典型的意义。

天津教案的大致经过是这样的：同治九年六月，一个名叫武兰珍的拐卖儿童的罪犯被天津官府抓获。该犯供称其作案使用的迷拐药为天津法国天主教仁慈堂所供给。当时，社会上关于洋教堂拐卖儿童及以儿童心肝配制长生药的传言业已十分广泛。武兰珍案件发生后，消息不胫而走，天津民众与士大夫群情激昂，乡绅集会于孔庙，书院为之停课声讨，在仁慈堂外天津市民不期而集者达万人之多。在这种情况下，参加案件调查的法国领事丰大业乖戾暴躁，首先开枪击伤清朝官员，民众积愤一发不可收拾，

---

① 例如，扬州教会医院把解剖后的死胎儿，浸于酒精瓶中，被士大夫谣传为："剖孕妇之腹，取胎儿制长生不老之药。"又如男女教徒同处教堂内共同礼拜，与中国传统的"男女授受不亲"的伦理原则相矛盾，也引起士大夫恶意的猜测。此外，又如教会为临死的小孩施洗礼，被人们迷信地推测为"剖小儿心肝以制药饵"。士大夫乡绅官僚又往往以这种并无根据的推测写成文字，刊印为檄文、揭帖，在社会上广为传播，以讹传讹。凡此种种情况，都反映了中国近代士大夫、民众与西方教会发生激烈冲突的文化方面的因素。

天津教案中被毁的第一代仁慈堂外景。

当场殴毙丰大业及其随从。此后,民众又自发鸣锣聚众,杀死法国神父、修女、洋商、洋职员及其妻儿等计二十人,以及中国雇员数十人,并焚烧法国教堂、育婴堂、领事署及英美教堂数所,酿成国内外注目的一大命案。

  曾国藩奉命调查此案。调查结果表明,仁慈堂内男女幼童一百五十余人,均称由其家属送至教堂养育,并无拐骗实据,当时天津城内外,也无儿童遗失的报案,被教堂掩埋的死婴尸体,也都有心有眼。①所以，社会上有关仁慈堂"拐卖儿童，剖心挖眼"之说，纯属谣传，没有任何实据。经官方审查，百姓中也没有提出证据者。②

迫于英法等七个西方列强的联衔抗议，清廷议定赔偿死者家属抚恤金四十六万两，由崇厚代表清政府前往法国致歉，府县官员因料理不善受流放处分，并处死、杖罚、流放参与教案的天津民众数十人，天津教案始算了结。

与我们分析的论旨有关的问题是，为什么当时由一个罪犯提供的、未经调查核实的谣传，居然能在极短的时期内使天津士民深信不疑，以致上万民众群情激昂地不期而集？为什么这一谣传，竟能像导火线一样激起愤怒的民众焚烧教堂、杀死洋人及中国雇员数十人——造成这一震惊国际社会的大教案？曾国藩根据调查结果，给朝廷的报告中称："杀孩坏尸，采生配药，野番凶恶之族尚不肯为，英法各国，乃著名大邦，岂肯为此残忍之行？"此言不可不谓合乎事实。尽管如此，大多数朝野士大夫为什么对传闻仍

---

① 曾国藩：《谕天津士民》，《国朝柔远记》卷十六："前闻教堂有迷拐幼孩、挖眼剖心之说……然必须访查确实，如果有无眼无心之尸，实为教堂所掩埋，如果有迷拐幼孩之犯，实为教堂所指使，然后归咎洋人，乃不诬枉。……今并未搜寻迷拐之确证，挖眼之实据，徒凭纷纷谣言，即思一打泄忿……擅杀人命，焚毁多处，此尔士民平日不明理之故也。我能杀，彼亦可以杀报；我能焚，彼也可以焚报。以忿召忿，以乱召乱，报复无已，则天津之人民、房屋皆属可危。"

② 《同治朝东华续录》卷八六："仁慈堂男女一百五十余口，均称其家送至堂中育养。并无拐卖事情。至挖眼剖心，经曾国藩亲问，百姓无能指实。询之天津城内外，亦无幼童损失控告之案。……其实挖眼剖心、戕害生民之说，多属虚诬，并无实据。"

曾国藩

信以为真？内阁学士宋晋奏称"仁慈堂有坛装幼孩眼睛"。连慈禧太后也深信仁慈堂存有眼睛等物，她向曾国藩谕道："百姓毁堂，得人眼人心，呈交崇厚，而崇厚不报，且将其消毁。"①

为什么当官方调查结果已经公布，谣传已得到澄清之后，人们在情绪上仍对这类谣传还不肯抛弃，以致曾国藩在当时的正统派士大夫攻击之下深感"外惭清议，内疚神明"而"引咎自责"②。

而且，值得注意的是，这类谣传，根据《东华录》记载，在湖南、江西、扬州、天门、大名、广平教案事件中，都曾发生过，并且都通过各地士大夫乡绅的檄文、揭帖广为流布。③为什么这类"挖眼剖心"的传言在当时各地具有如此普遍性，尤其是，为什么上述各地教案结案之后，此类谣传的虚实总是不能"剖办明白"④？

现代大众传播学的研究成果有助于我们解释这个秘密。国外一些研究社会信息传播规律的学者发现，受传者在可以获得的大

---

① 转引自陈恭禄：《中国近代史》，商务印书馆1936年版，第295页。
② 《曾纪泽日记·光绪四年八月二十八日》，《曾纪泽遗集》，岳麓书社1983年版，第334页。
③ 《同治朝东华续录》卷八六，第46页。
④ 《同治朝东华续录》卷八六，第46页。

量信息中,特别注意选择那些同他的立场一致,同他的信仰吻合,并且支持他原有价值观念的信息。人们对社会信息的反应态度,受到其主观的心理构成的制约。①有的研究者还进一步提出受传者心理上的三种选择性因素:

首先,是选择性接受。人们总是愿意接受那些与自己固有观念一致的或者自己需要的、关心的信息,而且总是下意识地回避那些与自己固有观念相龃龉的、与自己情绪状态相抵牾的信息。

其次,是选择性理解。对于同样一个信息,不同的人可能有不同的理解。这种理解为人们固有的态度和信念所制约。

第三,是选择性记忆。人们容易记住自己愿意记住的事,又容易忘记自己不喜欢的事情。②

上述理论对我们认识近代社会有关洋人的信息传播过程的特点是有启示的。史料表明,近代士大夫社会和民间社会对有关洋人的信息,事实上确实存在着鲜明的选择性吸收的社会心理现象。例如,郭嵩焘就曾指出:

> 常人闻西洋好处则大怒,一闻诟诃则喜,谓夷狄应耳,引此为喻,是将使天下之人,长此终古,一无省悟矣。③

愤怒地拒绝社会上有关"西洋好处"的信息,而乐于聆听对

---

① 〔美〕雷蒙德·鲍尔:《顽固的受传者》,转引自《传播学简介》,人民日报出版社1983年版,第19页。
② 〔美〕约·克拉帕:《大众传播的效果》,转引自《传播学简介》,人民日报出版社1983年版,第20页。
③ 郭嵩焘:《复姚彦嘉》,《柔远新书》卷四。

洋人"诟诃"的信息,这种社会心理现象,反映的正是深受洋人压迫和欺凌的中国国民心理定向反应。

郭嵩焘在其光绪三年的一段日记中,更确切地记述了在京师不下万人的士大夫对有关洋人信息的选择性接受与拒绝现象:

> 吾每见士大夫,即倾(洋)情告之,而遂以是大招物议。为语及洋情,不乐,诟毁之。然则士大夫所求知者,诟毁洋人之词,非求知洋情者也。京师士大夫不下万人,人皆知诟毁洋人,……但以诟毁洋人为快,一切不复求知。此洋祸所以日深,士大夫之心思智虑,所以日趋浮嚣,而终归于无用也。①

愤怒地拒绝接受有关"洋人好处"的社会信息并喜于聆听对洋人"诟诃"的社会信息,是一种在士大夫及一般国民中极为普遍的社会心理现象。这表明,由于西方列强对中国的侵略和压迫,由于中西文化在近代冲突的尖锐性,自鸦片战争以来,中国近代国民已逐渐形成一种对西洋文明、西方列强及其在华的洋教士、洋商人、洋领事深感厌恶和憎恨的心理定向反应(或称为心理定势)。这种心理定向反应,乃是民族自卫意识、传统文化本位意识及心理、挫折感与屈辱感压迫下所产生的心理防御机制。另外,这是信仰与思维方式等诸多因素彼此结合而成的复杂构成物。它具有一种倾向性,即鲜明的对社会信息的选择性吸收和抗拒的倾向性。

这里,值得我们进一步考虑的是,为什么这种特定的社会心

---

① 《郭嵩焘日记》第三卷,湖南人民出版社1982年版,第11页。

理定向反应具有对有关洋人的社会信息的选择性接受与拒绝的倾向性?因为一般正统士大夫与民众由于在长期受西方列强与洋人侵凌欺压,又由于中西文化冲突极其深刻而剧烈,被压抑在内心的屈辱感、憎恶感有一种渴望强烈的抒发和宣泄的潜意识要求。这种潜意识要求,在现实生活中无法通过在战场上打击强大的敌人的方式实现;又由于不平等条约的规定,洋人享有治外法权,又使人们无法通过诉诸打官司的法律手段实现。在这种情况下,社会上种种有关洋人"禽兽生番"行为的谣传就最能动人听闻,激发人们群起声讨和攻击洋人的社会心理,从而使人们内心的积愤和屈辱,有可能通过群众性的暴力反抗而获得宣泄的渠道。正是在这个意义上,宣泄和抒发被压抑的积愤,以实现对侵害者打击和反抗的潜意识愿望,便构成了冤抑莫伸的民众与士大夫对有关洋人信息的非理性化的选择性因素。

有关洋教士"挖眼剖心"、"削腹取胎"、"炼丹采生"的迷信谣言,从明朝末期算起,在利玛窦入华传教以后,就在正统士大夫中开始流传,这种谣言的流传史几乎长达三百年。根据以上分析,我们就不难理解,为什么越到近代,与洋人交涉越多,谣言不但没有作为误会而被澄清,相反,随着人们对洋人侵凌中国的民族仇恨的加深,此类谣言在士大夫和一般国民中也就相应地成正比地越传越广,到了义和团时期已经发展到登峰造极的地步。

同样,我们也不难理解,武兰珍的假供词何以会具有如此神奇的魅力,使如此众多的天津市民迅速地信以为真。他们多年以来一直从文人广为传布的反洋教的揭帖、告示、檄文中和道听途说的社会消息中得知了洋人们如此这般的"禽兽之行",如今武兰珍的口供使他们认为洋鬼子们的此类兽行业已得到本地人的证实。

[163]

由此,他们的怒火便像火山内的熔岩找到了突破口而爆发出来。

其次,我们也不难理解,曾国藩负责调查天津教案,其调查结果公布之后,为什么竟会"津人毁之,湖南尤相与毁之,及询以津事始末,无能知之者"。这种社会心理现象的普遍性强有力地证明,民众潜意识中迫切渴望抒发被压抑的屈辱感,此种情绪已经强烈到使他们对调查结果根本不信,对洋人则表示同仇敌忾——因为官方调查结论阻止了他们去宣泄自己长期受压抑的积愤。

*　　*　　*

天津教案的发生表明,民众自发地反抗西方列强和洋人的侵凌、压迫的斗争,与站在保守立场上的清流士大夫的卫道斗争,有一种日益密切的交互激荡的发展趋向。

保守的士大夫从民众反洋教的激情中受到了巨大的鼓舞。他们把"民心可恃"看作是对自己的支持力量。当时的内阁中书李如松的奏言很具有代表性:

> 国计之安危,视乎民心之向背,……人心汹汹,不期而集者万余人。斯时民知卫官而不知畏夷,知效忠于国家而不自恤其罪戾,此正夷务一大转机也。

当时天津士大夫也纷纷献策,有人建议依靠天津市民的义愤,一鼓作气,驱逐洋人[①];有人建议联俄、英、美各国,专攻法国,

---

① 《国朝柔远记》卷十六。

来"以夷制夷"。朝廷上,正统派更是一派慷慨激昂之言,有人主张立即向法国宣战。各地士大夫也表现了同样的非理性化的激愤情绪。

李如松还由此进而乐观地认为:

> 纵不能乘此机会尽焚在京夷馆,尽戮在京夷酋,亦必将激怒之法国,先与绝和,略予薄惩。①

与此同时,天津教案的发生,也为各国列强侵略中国提供了新的借口。各国军舰在保护在华外国公民人身安全的口实下,纷纷集于海口,以兵力相恫吓。一位法国海军提督扬言:"十数日内再无切实办法,定将津郡化为焦土。"②一位英国外交官也扬言:"天津教案,当时若将津郡地方全行焚毁,可保后来无事。"当时局势犹如箭在弦上,一触即发。由于恰在当时欧洲普法战争爆发,一场类似八国联军入侵的危机才没有发生。

天津教案事件,使洋务派在士大夫中显得日益孤立,而争先恐后放大言高论的清议派人士却自诩为疾风劲草,相互唱和。由于他们迎合了一般士大夫与民众反抗洋人侵凌的社会心理,其势力则大为上升。有人甚至把争当"忠愤之名于天下"的清议派作为沽名钓誉的手段。③不久后,洋务派首领恭亲王受到更顽固、保守的弟弟醇亲王进一步打击而辞职。清议派们还趁机力请停办一

---

① 《筹办夷务始末》卷十三,第17页。
② 《曾文正公全集》卷三二,第51页。
③ 唐才常:《各国猜忌实情论证》,《唐才常集》,中华书局1980年版,第127页。

切模仿西方工业文明的新设施。后来，虽经李鸿章的努力，使原有的船厂、制造局得以保留，但关系自强运动更为根本的新设施，如开采铁矿、修建铁路等计划，则一度停办，连慈禧太后本人也鉴于反对派势力之强大不敢继续主持。

民众中强烈的情绪化斗争趋势在不断地发展；清议派不切实际和不负责任的虚骄言论，其影响在社会上不断扩大；他们以"焚烧使馆、尽杀洋人"的方式来实现闭关自守的卫道目标——此种政治愿望在内心日益滋长。此外，洋务派在士大夫中的声名狼藉，愤怒的清议派势力甚嚣尘上；最保守的士大夫国粹思潮与民众自发反抗洋人侵略的斗争交相激荡；西方列强为进一步侵略中国而咄咄逼人地寻找借口……凡此种种在1900年的庚子国变中得到充分发展和表现的消极因素，在三十年以前，即同治九年（1870）的天津教案中，已初见端倪。这些因素的存在和相互作用，强烈地预兆着，正统士大夫为了摆脱自己的困境而作出的战略选择，将在未来遭到不祥的命运。

第六章
国粹主义的最后一战
——幻觉中的胜利与现实的悲剧

> 使臣不除,必为后患。五台僧普济,有神兵十万。请召之,会歼逆夷。
>
> ——〔清〕启秀奏言

甲午战争以后,洋人对中国的压迫和侵凌日益加深。苦难深重的下层民众在义和团"神术"的召感下反抗西方侵略的斗争,与正统士大夫保守主义的卫道斗争,如何奇特地交织在一起并相互激荡?那些怀着最卑劣私欲的上层统治者,又如何欣喜若狂地崇信义和团"神术"奇迹,并煽起一股畸形的潮流——促成了八国联军入侵的民族悲剧?

清末社会思潮发展过程扑朔迷离,最后一幕所具有的悲壮性和迂腐性,正义性和保守性,如此奇特地结合为一体,给现代和未来的中国人留下了一个不断值得探讨的严峻历史课题。这个课题,内涵是如此丰富,以至多少年来,每一代中国人都可以从自己面临的现实问题出发,从这一历史课题中发掘出某些新的富于启示的涵义。

在苦难与屈辱中激发的幻想

老百姓有充分的理由憎恶洋鬼子们：鸦片的输入，教会的横暴，教民的仗势欺人，洋货倾销与铁路修筑使成千上万依靠传统手工业和运输业为生的人们丧失了赖以生存的手段。在下层民众看来，洋人筑路把"龙脉"给挖断了，洋人开矿把地下的宝气给漏了，教堂禁止信教者祭祀祖先，把祖先的神祇给激怒了……久旱不雨之后，"杀了洋人头，猛水往下流"的歌谣在民间广泛地流传着，寄托着人们愤怒、迷信和复仇的心愿。民众曾经通过各种方式，从流血的教案事件到阻止开矿筑路的群众格斗，来进行反抗斗争。

自德国强占胶州湾之后，一年多时间内，单就山东一省而言，教案和路矿案等涉及外交的案件就达一千余件。但是，每次反抗的结果，反而遭受到洋人更残酷的镇压和报复。例如，德国修筑胶济铁路，山东高密县农民拔去路桩来表示抗议。德军以保路为名，竟击毙三十余名中国平民。清朝地方官府还向德方赔偿路桩价三千四百余两，而置中国被杀者根本不问。同年，俄国因租佃案激起东北民众反对，俄军就对手无寸铁的乡民开枪，死者达九十六人，伤者一百二十三人，其中有不少妇女儿童，事后竟以极少量抚恤金结案。面对西方列强的凶残行径，民众痛苦愤怒万分，而又无可奈何。

从社会心理学角度而言，当人们蒙受强烈的冤抑和屈辱之后，受屈者有没有可能作出强烈的情绪抒发反应，是十分重要的。例如，对侵害者施以成功的报复，使之遭到巨大的创痛，又例如，官府对侵害者施以公平合理的法律惩罚,等等。这一类调节手段可以排遣受害者屈辱感的情绪。内心的憎怒、挫折和屈辱的情绪体验可以通过适当的宣泄表达,使人们重新恢复精神平衡。合理的、充分的情绪反应,能够对被压抑的消极性情绪体验起到"倾泻"的作用。然而,备受洋人侵凌的中国民众的抗议和反抗,在现实生活中,反而遭受到更深重的压迫。人们既无法指望通过官府去公平审理和处罚洋人,又无法正面对抗洋人的枪炮。人们极端深重的痛苦由于缺乏情绪反应的疏导渠道,而被迫压抑到内心深处,为了摆脱内心强烈的焦躁感、屈辱感的痛苦煎熬,于是,在潜意识中就产生了一种被称为"幻想作用"的心理防御机制。也就是,人们在无可奈何之中,凭着自己的情感和希望,随意地去想象克服困难的种种办法,把自己从现实中超脱出来,在幻想中和幻觉状态中摆脱焦躁不安,得到内心的暂时满足。

最初,在山东,人们对兴起的义和拳关于可以用念咒降神的方法打败洋鬼子的迷信,正是这种幻想作用的典型表现。义和拳一旦兴起,便能如此迅速地发展到中原北方各地,并受到遭受洋人欺凌而又冤抑莫伸的广大下层民众和地方士绅的热烈崇信,正是因为人们内心被长期压抑的屈辱感和对洋人的憎恶感,可以通过这种幻想作用而得到变态的发泄和疏导。

这种关于义和团以"神术"向洋人复仇的传闻是多方面的。人们深信,焚香念咒,可以刀枪不入,可以使洋人枪炮不响①,可以使教堂立即起火②;练过义和拳的孩童,只需用红头绳一根,就

---

① 刘孟扬:《天津拳匪变乱纪事》,《义和团》第二册,第7页。
② 刘孟扬:《天津拳匪变乱纪事》,《义和团》第二册,第7页。

可以把高大的教堂奇迹般地拽倒①；练过"红灯照"法术的少女，一手摇扇一手挥动红手帕，便可高升于空中，可以从空中掷火，焚烧洋人居室②，可以从空中盗去洋人大炮中的螺丝钉，还可以从高空中保护义和团，去与洋人打仗③。人们还盛传，已有数十位"红灯照"女将，分赴西洋各国，去焚烧该国洋人房舍。外洋十八国，其中十六国已被其所灭。社会上还纷纷传言，义和团老师只需用法术点化，洋鬼子们就会像中了邪一样立即自相残杀④。据说，有人还曾亲见义和团首领曹老师（曹福田）在洋人楼下，从腰中掏出青钱一把，向上一掷，洋鬼子的头颅便纷纷从洋楼上坠下⑤。

到1900年四五月间，这种幻想心理发展到一个更高的水平。天津市民已普遍传说，玉皇大帝已经敕命关公为先锋，二郎神为合后，增财神督粮，赵子龙、马孟起、黄汉昇、尉迟敬德、秦叔宝、杨继业、常遇春、胡大海等人皆受命下凡前来会师。这种谣言，越传越广，传者乐于传，听者喜形于色，彼此深信不疑。⑥义和团后来发展到天津、北京等大都市以后，还在街上到处设立坛场。坛上竖立大旗，旗上大书"天兵天将，扶清灭洋"。香烟蔽城，黑雾缭绕，形成了一种神秘的气氛⑦，提供了诱发社会群体性

---

① 刘孟扬：《天津拳匪变乱纪事》，《义和团》第二册，第8页。
② 《庚子国变记》，神州国光社1936年版，第23页。
③ 《义和团》第二册，第9页。
④ 《义和团》第二册，第9页。
⑤ 《义和团》第二册，第24页。
⑥ 《庚子国变记》，神州国光社1936年版，第24页。
⑦ 《庚子国变记》，神州国光社1936年版，第4页。

的幻想心理所必需的种种环境暗示条件。据史料记载,天津居民对于义和团灭洋的"神术","官无论大小,民无论男妇,大概信者十之八,不信者十之二"①。由此可见,这种社会心理的普遍性。

如果我们把上述在京津一带民众中广为流传的关于义民神术的传闻加以比较和分析,就不难发现,这类说法尽管形形色色,但都具有一个共同的特点,即它们都是人们在现实中长期被压抑的反映——向洋鬼子报仇未遂的曲折反映。因为洋炮洋枪决非土铳枪、大刀、红缨枪等现实生活中的民间武器所能对付,所以才会有运用"咒语"、"神术"这类非现实的手段——幻想取胜;因为洋枪洋炮一经发射,被射者就会应声而倒,所以才会有刀枪不入的幻想;因为洋教士欺人太甚,而官府又不敢得罪他们,所以才会有孩童用红头绳拽倒洋教堂的幻想。人们正是利用这种超越现实的形式,在想象中去战胜那些用洋枪洋炮武装起来的洋人,并以此来抒发、宣泄对洋鬼子侵凌中国的深仇大恨。

只要人们相信了这些幻想中的描绘是真实的,内心的屈辱和冤抑便会顿时有一种痛快的、暂时的自我解脱。加之,民间社会历来就广泛存在着"九天玄女"、"太白金星"、"焚香佩符,念咒降神"的迷信传统。平时人们半信半疑,在冤抑莫伸的无可奈何之中,出于潜意识地摆脱内心焦躁感的需要,精神上的幻想作用便很容易从这些迷信心理中直接地诱发起来。白莲教、八卦教的民间宗教形式,与《封神演义》、《西游记》、《平妖传》中那些角色的神通法力,则可以提供实现幻想所需的各种表现素材。事

---

① 《义和团》第二册,第7页。

实上,千百年来,深受压迫的平民,逢上自然灾害则处于绝望中的贫苦农民,在聚众起义前,往往都有这一类幻想心理,以此为触发剂。如今,逢上自然灾害而又深受洋人侵凌和践踏的民众,再次出现传统幻想心理的活化是很自然的。

这种群体性的社会幻想心理,在义和团运动兴起之后的很短时期内,便席卷了广大的农民和下层平民,它如此普遍地渗透于城乡各阶层中。

但是,义和团"刀枪不入"、"念咒歼乱"的谣传和预言,总有被证实为虚假的时候。为什么义和团"神术"的谣传并没有在社会上引起广泛的怀疑?相反,却能越传越神,获得了越来越多的崇信者,以至于后来达到"都人崇拜极虔"①的地步。

因为人们听信这样的谣传,主要是为了满足心理上被压抑的反抗和复仇未遂的愿望。这种潜意识中的非理性因素,在那特定的历史时期,强有力地代替了人们的理智,支配了人们对信息真伪的判断和选择。在前一章里,我们曾引证大众传播学理论中关于人们对社会信息的吸收和接受是受人们自身心理构成的影响的理论。大众传播学还告诉我们,人们内心选择性接受的因素,使受传播者下意识地拒绝那些危及自己固有观念的传播内容。选择性理解的因素,会促使受传播者下意识地曲解那些自己回避不了的传播内容。而选择性记忆的因素,则会帮助受传播者尽快地忘记那些自己讨厌和反感的传播内容。受传播者的亲友也会千方百计地阻止他悖离固有的观念,而受传播者本人也乐于同持相同立

---

① 《庚子国变记》,神州国光社1936年版,第4页。

场观点的人交换意见。①正因为如此,当义和团运动处于高潮的时期,人们潜意识地渴望通过幻想方式来宣泄内心积愤的愿望,它是如此强烈。这些心理选择因素,起了极大的作用。

例如,光绪二十六年(1900)5月19日夜,义和团与洋人军队在天津城外展开战斗。义和团有数人负伤而被送回。义和团首领则把这一负伤事实解释为:双方交战时,有逃难妓女在旁,从而使义和团"刀枪不入"的法术被冲破而失效。②既然人们对"刀枪不入"的"神术"是如此偏爱和迷恋,这种一厢情愿的、幼稚可笑的解释足以满足人们偏爱这种"幻想神术"的内心要求。这种"希望原则"一旦支配了人们的判断,义和团的"神术",就不再有被证伪的可能了。又例如,当时天津一场大水挡住了洋人军队的去路。民间则纷纷传言,"此天意也,无端来此大水,截断洋人来路。若非神仙保护,何能如此?"③又例如,在义和团与洋人军队交战的过程中,"无论洋炮开放几次,但一有止住不放时,即谓为义和团老师闭住"④,如有人问:为什么义和团老师不在对方尚未放炮之前,就施以法术,使其不响,何必等洋人大炮使民房焚毁、百姓死伤之后,才施以法术,使之不响?民众将会愤然指斥这是"直眼人"(即奉教者)的谬论。⑤在民众崇信"神术"的气氛下,这种带怀疑心的推论和反诘将为人们的感情不容,并有遭

---

① 〔美〕彼德·桑德曼,戴维鲁宾,戴维·萨奇曼:《媒介:美国大众传播解析》,新泽西1976年版,第3页。转引自《传播学简介》,第22—27页。
② 《义和团》第二册,第14页。
③ 《义和团》第二册,第27页。
④ 《义和团》第二册,第31页。
⑤ 《义和团》第二册,第31页。

到杀身灭家的危险。①因此，社会上也很少听到与崇信"神术奇迹"相反的舆论意见。至于一旦义和团在战斗中失利，由义和团首领刘十九所作出的下述特设性解释，就完全可以使人们恢复对"神术"的信心："义和团本是神兵神将，灭洋人本不难。今所以不能扫平者，实因多有不信之人，得罪于众神仙。故法术往往不灵。且时候尚未到，刻下与洋人合仗，实是谬天而行，待时候一到，洋人自然绝灭。"②

"天神下凡"鼓舞着愤怒的勇士们

幻想作用是一种心理防御活动，这种心理活动通过什么机制激发了人们反抗和复仇的激情，并以什么方式使人们彼此结合而形成一股与洋人战斗的反抗力量呢？另外，一种群体性心理机制是如何促发了群体性的战斗行动呢？

首先，人们在幻想活动中产生的若干非现实的观念，分别与现实的观念割断了联想的结合。具体地说"刀枪不入"、"红绳拽楼"、"空中掷火"、"天神下凡"之类的观念与人们衣食住行、日常生活的常识之间，不再发生逻辑上的联系，并且不再受现实的经验、常识和形式逻辑推理的检验和证伪。换言之，在幻想作用的机制下，诱发的种种与打击洋人有关的观念，与现实生活中的其他观念可以同时被人们接受，但是，前者与后者彼此之间已经割断了联想的结合，从而分别处于两个不同的层次。

---

①《庚子国变记》，神州国光社1936年版，第4页。
②《义和团》第二册，第32页。

其次，这些通过幻想活动而诱发出来的处于同一层次的非现实的观念，彼此之间，由于共同具有心理防御的功能和排遣积愤、鼓舞斗争士气的精神作用，因而能够彼此合乎"逻辑"，横向地联系起来。当人们迫于心理上强烈抒发积愤的要求，而"召唤"传说中和宗教迷信中的英雄来引导自己去反抗难以对付的仇敌的时候，孙悟空、赵子龙、二郎神、济公、托塔天王、姜子牙、诸葛亮、玉皇大帝、张天师、黄天霸、骊山老母，这些原来处于不同神话、传奇小说、戏曲、历史故事中的英雄和天神，就会"奇迹般地"在人们的思维中同时复活，降临在民众反抗洋人的巨流之中。"各路神仙"彼此之间前呼后应，在引导苦难人民驱逐可恶洋人的事业中连成一片。同时，那些原先只存在于各不相干的传说和神怪小说中的神器，例如雷火扇、阴阳瓶、如意钩、九连环、火轮车、越王剑，如门板一般高的关公大刀和玉泉山的洪水，也会奇迹般地在人们的观念中连成一片，成为义和团勇士们想象中的对付洋枪洋炮克敌制胜的利器。

一方面，片断的、非现实的观念分别与现实事物割断了逻辑上的联系，而升华到一个与现实无关的层次，并在那个层次中栩栩如生。另一方面，由于这些观念适应了人们宣泄内心屈辱感和愤怒感的功能，而又彼此都可以逻辑地、横向地联合为一片，潜意识的强烈力量，使人们在理性层次上不能发现这些非现实观念的同时存在乃是自相矛盾的、反逻辑性的。

这种横向的彼此联结的幻想观念群有机地构成了一组具有高度组织性的特殊意识状态。如果我们把与现实直接发生关系并接受现实理智检验的日常意识状态称为第一意识状态的话，我们可以借用一个病态心理学的术语，把这种特殊意识状态称为第二意识状态，或类催眠状态。当这种社会群体性的第二意识状态不断强化与活化达到一定程度时，便可以取代正常的第一意识状态，在某些有关的领域内，例如，就义和团运动而言，在反抗洋人侵略这一领域内，就取得了对人们行动和思维活动的支配控制权。换言之，当这种反常的类催眠状态足够有力和足够活跃时，它就有可能直接控制人们的思维中枢，人们在某些特定范围内的行为就不再受形式逻辑和常态行为规范所构成的日常意识状态控制，而是靠这种类催眠状态控制了。

这种类催眠状态，是长期极度的痛苦、屈辱，受到长期极度的压抑，反过来又通过宗教、迷信和心理幻想作用的复杂机制而激发出来。它可以使人们奇迹般地焕发出在日常意识状态中所不可能焕发出的力量、勇气和牺牲精神。如果说，半个世纪以来，苦难深重的百姓面对洋人的压迫不得不忍气吞声，是由于日常的经验和意识告诉他们：洋人"枪炮所向，应声即倒"，从而使他们有所警惧而又不得不把正义的仇恨默默地压抑在心里，那么，此时此刻，取代了日常经验和意识状态的类催眠意识状态，却"告诉"他们：中国自古以来的一切神灵和历史上的英雄，从玉皇大帝、孔圣人到五台山上的十万神兵，都为保护自己子孙的生存、为驱逐恶贯满盈的洋鬼子而下凡来了！我们这等备受欺凌的苦命人，将在孙悟空、张飞等神仙和古代英豪的带领下，将在能从空中掷火的"红灯照"仙姑们的保护下，向洋鬼子报仇雪恨了！昔日我们被洋炮洋枪威胁得心悸不安，如今，义和团大师兄们的咒语将保障我们的身体刀枪不入。这是何等快意的事！

义和团的怒潮，就这样，在山东、直隶、东北、山西、河南、天津、北京，以及全国其他一些地区如火如荼地发展起来。

在现代人看来,也许他们的斗争方式带着几分愚昧、几分荒谬和几分原始。但是,正如伟大的恩格斯在抨击英法联军在第二次鸦片战争中的暴行时所指出的那样,对于起义民族在人民战争中所采取的手段,不应当根据公认的正规作战方法或者任何别的抽象标准来衡量,而应当根据这个起义民族所已达到的文明程度来衡量。①义和团的勇士们,在那特殊的历史条件下,以他们特殊的方法,抗击妄图瓜分祖国的敌人。这些正义而愚昧的人们,在"文明"的野蛮侵略者的枪口下纷纷倒下去时,他们用自己的生命履行了自己保卫社稷和家园的责任。他们作为旧文化的牺牲者,却用自己的鲜血,浇灌了将在未来绽开的新文化的花种。

一个受过教育的现代中国人,作为义和团的后代,没有任何权利去嘲笑、指斥自己的祖辈——那些世代被剥夺了受教育权的人们在为捍卫自己的民族尊严时所采取的斗争形式。另一方面,我们也没有任何权利去逃避一种沉重而又神圣的历史责任——怀着科学的态度去反思,究竟是什么文化背景和社会根源,导致了他们爱国行动的蒙昧性质?任何省力而肤浅的对义和团牧歌式的赞美和同样省力而又浅薄的对义和团的斥责,都将是放弃了历史赋予我们的责任。

国粹派士大夫"颇冀神怪"的社会心理

当我们对义和团思潮产生的社会背景与社会心理根源作了上述简略的考察之后,现在,我们应该回到本书的主题线索上来了。

---

① 恩格斯:《波斯与中国》,《马克思恩格斯选集》第二卷,第132页。

当义和团的燎原之火在中原和北方大地上蔓延开来的时候，那些正统的国粹派士大夫们，包括社会上的乡绅、官僚、清议派人士，面对这股燎原之火是怎样作出反应的？

在义和团崛起以前，正统士大夫官绅们面对洋人的侵凌和中国被瓜分的危险，实在是一筹莫展。他们的悲愤、屈辱和挫折感也同样不得不压抑在内心深处。这个历来自视为世界上唯一"王化之地"的民族，其中"最文明而高贵的"阶层，自鸦片战争以来的半个世纪，留下的只是一连串丧权辱国、赔款割地的历史纪录。中国几乎是无约不损，无战不败，在洋人炮舰威逼下被迫实行的对外开放和互市通航，使他们在感情上和理智上都视为一种上无以对祖先、下无以对后代的耻辱和内疚。半个世纪来，他们几乎经历了三代人，但对世界开放大局的不可逆转性——这一点认识上，几乎没有什么长进。这也是中国儒家文化在近代颇为值得人们注意的奇迹。他们以"下令逐客"为最快意之事，以"闭关绝市"为太平理想。然而，中国国力之贫弱和内政外交的屡屡失败，也使他们在理智上深知实现上述太平理想是无能为力的。他们在洋务运动兴起时，也曾抱着鄙夷的冷眼旁观态度。除少数倭仁那样的极端派，对于相当一部分士大夫来说，"师夷之长以制夷"的新方法也不妨由他人去试一试，何况历史上的"胡服骑射"也是有案可稽的。然而，洋务运动中暴露出来的惊人腐败和洋务派惨淡经营的南北洋舰队在中法、中日甲午战争中毁于一旦，使他们在愤怒之余产生了一种对洋务运动更保守的反动心理。圣学本位主义原则和"人心为本"的理学精神，被他们进一步加以强调。其结果，正如上一章所指出的，对自强运动的反省和批判，反而导致了一种更偏激的、更慷慨激昂的国粹主义回潮。在那些迂腐的清议派中，相当一部分人都抱有这种偏激的国粹主义精神。如果说，对洋务思潮的更保守清算，使他们作茧自缚地堵塞了本来就不十分强烈的对外部世界的好奇心理，如果说，连洋务派那种肤浅意义上的"中学为体，西学为用"，都被他们视为"沉溺夷俗"（褚成博攻击李鸿章用语）而不加容忍，那么，从理智上合理地认识西方文化，制定应付西方挑战的合理战略，此唯一渺茫的希望也就自我放弃了。

在这种思想背景下，西方的侵凌不断地加深，他们的挫折感和屈辱感，由于自己严重的无能为力也相应地日益加强。正如我们在前一章里已分析过的，理性认知与现实反抗的办法都无法使他们宣泄这种内心的焦躁不安和屈辱感，这就使他们面临着与下层城市平民和农民在遭受洋鬼子欺压侵凌之后相类似的心理困境。所不同的是，这些自尊心很强、自视甚高、爱面子而又知书识礼的社会精英人物，较之手足胼胝、朴质的乡下农民和城市贫民，在疏导内心精神痛苦方面，似乎更多了若干本事。例如，前一章里我们分析过的文饰作用、曲解作用，以及其他一些心理防御手段，如补偿作用、潜抑作用等等。但是这种种自我安慰的心理技巧，在甲午战败和《马关条约》签订这种巨大的惨痛打击面前，几乎肯定会失效。"红肿之处，艳若桃花，溃烂之时，美如乳酪。"①这种精神胜利法，仅仅限于在"红肿"与"溃烂"之处，在不足以危及生命安全时，方才有效。当一个民族的生死存亡已经成为迫切问题时，当整片国土已成为任人宰割的俎上之肉时，吴可读的"禽兽不配行三九之礼"的高论，李元度的"百年内外，

---

① 鲁迅语，见《热风·随感录三十九》。

1894年9月17日,甲午海战爆发。号称亚洲第一,清政府花费数千万两白银打造的北洋水师在与日本联合舰队的一系列激烈交战后,毁于一旦。

尽地球九万里,皆当一道同风,尽遵圣教"的泛教化论,自然已无法产生心理防御的效果。极度的屈辱与挫折感以及愤怒感、焦灼感像皮球中鼓足的气积压在他们的心头且无法宣泄,在这种精神状态下,一般国粹派士大夫的潜意识中,也日益发展出一种通过幻想机制来摆脱内心精神负担的内在趋势。光绪二十六年(1900)6月,《中外日报》的一篇时论,曾对正统士大夫在义和团运动前夕的一般社会心理,有一段十分精辟的分析:

> (其时)通国臣民上下,以复仇为雪耻,以积愤思报怨……然不究己之所以弱,而恶人之强。不求人之所以胜,而讳己之败。……举世浮嚣,重以诬罔;力有未逮,则务为大

言以快之；愤无所泄，则多作丑辞以诋之。又亲见争战之事，利钝立见。耻相师法，则颇冀神怪。积非为是，一倡百和，而所谓清议者，实起于斯时矣。其势一成，莫之能改。同是谓之君子，反是谓之小人，恶直丑正者，以为公评，矫情动众者，坐致时誉，虽以疆吏达识，辅臣运谟，无益补救。①

义和团兴起以前，相当一大批正统士大夫，尤其是那些以清流自诩的士大夫，正处在这种特殊的、不平衡的心态中。他们"恶人之强"，"讳己之败"，"力有未逮，则务为大言"，"愤无所泄，则多作丑辞"。唐才常在1897年《湘报》上曾把当时正统士大夫的心态生动地描绘为"一言外交，则攘臂诟骂，涕唾交颐"②，这种精神状态正是人们处于极度焦灼感之中的畸形冲动心理。"颇冀神怪"的变态幻想心理倾向，实际上也就成为他们摆脱焦灼感和突破心理困境的唯一出路，尽管这一切都是在人们的理智所不曾意识到的潜意识层次进行的。

恰恰在正统士大夫们"颇冀神怪"的心理倾向日益强烈的时候，义和团以"神术"驱逐洋人的社会传闻源源传来，这种通过不同渠道传来的信息恰恰应顺了广大正统士大夫以最希冀的方式排遣内心受压抑的屈辱感与挫折感的潜意识愿望。士大夫们又惊又喜地聆听着种种关于义和团"神术歼敌"的最新传闻，并对此类消息按自己的愿望加以进一步的渲染和加工，然后又以同样痛

---

① 《论近日致祸之由》，《中外日报》（1900年6月9日），载《义和团》第四册，第182页。
② 唐才常：《各国猜忌实情论证》，《唐才常集》，中华书局1980年版，第120页。

快的心情，形诸揭帖、告示、诗歌等文字形式，广为传播，此举在社会上又进一步煽起了对义和团"咒语"和"神术"的迷信。既然每个人都希冀这些信息是真实可靠的，社会上上至名卿士大夫，下至引车卖浆者流，又都一致津津乐道地传颂每天不断发生的来自前方的"奇迹"——众多"奇迹"足以使每个人进一步相信它们决不是假的。当时，相反的看法决不可能在那种特定的社会状况下（舆论一律的状况）有插足之地。怀疑"神术"者将成为愤怒的人们千夫所指的对象。很少有人敢于在大庭广众间，冒着被指控为"二毛子"、"直眼人"（即奉教者）和"奸细"的风险，去辩明"神术"之不合常理。那将是愚蠢的，也似乎是无益的。在1900年5月到8月的日子里，除少数明理达识者忧心忡忡地在自己家的门缝里望着街头呼啸而过的狂热人潮而无能为力外，一般士大夫和民众都多少有点如痴如狂，沉浸在半个世纪以来从来没有享受到的快感和喜悦之中，沉浸在对未来胜利的"预感"之中。

在权力之塔的顶端：满朝心醉的人们

这里，我们还要看一看，在森严的宫墙内，那些执掌大清帝国命运的最高统治集团对义和团"神术"所抱的态度。

早在义和团运动崛起以前，由于百日维新的失败，守旧派已完全牢固地掌握了政权。环绕在慈禧太后身边的主要政治人物，大多数恰恰又是在镇压维新派的政变中扶摇上升的保守派满洲权

慈禧扮观音。如此装扮的晚清统治者,一度相信大师兄们的法力。

贵与士大夫官员。其中,有每见洋人就会以扇掩面的徐桐①;有把学堂视为培养汉奸之地的刚毅;有在一生中从没读过报纸的崇绮;

---

①这一"以扇掩面"的细节,实际上也是一种心理防御机制——压抑作用的表现:人们力图从意识感觉中回避引起心理反感的事物,下意识地不承认它们的存在,或将其排除于意识之外,以便减轻暂时的焦躁并保持心境的暂时安宁。压抑作用并不能使焦虑感完全消失,而是使之变成了潜意识。

有与同乡相约,保证本省永无开矿之事的赵舒翘;有见洋操洋服则故作惊视之状的李秉衡。这些人物就其文化上的保守性和排外性而言,已被当时南方某报刊称为"极中国之选"。如今他们在戊戌政变之后,济济一堂、襄赞密切。其中,除少数人稍有常识外,大多数称得上出奇的昏庸。

在他们冥顽不灵的头脑中,本来就塞满了远比常人头脑中更多的迷信。①他们本来就盼望着种种对他们有利的"奇迹出现"。如今一旦这些权贵们听说义和团能"呼风唤雨"、"撒豆成兵",具有扶清灭洋的"神术",他们认知结构中的迷信成分与潜意识中对奇迹的渴望,便立刻使他们欣喜若狂。在他们浅薄迂腐的观念中,洋人不过是六七个公使,数十商人,数百教士。所谓东洋、西洋各国,也不过是区区数岛。"民心可恃"一直是他们从"人心为本,技艺为末"的圣人之道中得到的鼓舞。在他们看来,只需一鼓作气,聚民众而歼之,欧美"岛夷"的足迹,将永远不再出现于中国大地,他们的权势也可以不再受到可憎洋人的威胁。中国又可以从此恢复"大一统"的旧观,实现闭关独立的夙愿。

处于这个权力中枢的相当一部分人物对"洋鬼子"切齿痛恨,还包含着最卑劣、最自私的权力欲受到威胁而产生的对洋人的憎恶心理。例如,深得慈禧太后欢心的端郡王载漪,其儿子溥儁已被太后立为"大阿哥"(皇储)。慈禧太后原想废光绪而立溥儁为

---

① 从后来的历史看,伪满洲国中不少清朝遗老和达官贵人对扶乩、占卜、星相等迷信的笃信,一直保持到成了苏军俘虏之后,此便是一个证明(参见溥仪:《我的前半生》)。所以,中国近代士大夫官僚迷信程度之深,也往往出乎我们的想象。又例如,在第二次鸦片战争中,两广总督叶铭琛就是以求神问卜来制定其作战方案的。

帝。如果不是外国公使纷纷阻拦，从而使这一废立计划流产，载漪早就成为皇父了。向洋人报复自然是这位端郡王朝思暮想的铭骨心愿。这位端王除了昏聩无知之外，却敢于鲁莽行动。于是，一个像蛆虫一样的历史丑角，却因为他处在一个等级森严的权力结构的金字塔顶端，这种特殊地位令载漪煽动和导演了庚子国变的大悲剧。这是民族的大悲剧，也是这个权力结构金字塔的大悲剧！

出于对义和团"神术"如痴如狂的崇信，载漪向太后进言："夷兵所恃者火器，神拳复能制之，此天赞我也。"①他还与刚毅联衔上疏："义民可恃，其术甚神，雪耻强中国，在此一举。"②他还提出了一套歼灭洋人的绝妙方案：立即派兵围攻各国使馆，将使馆洋人全部歼而灭之，天下自然太平。③在他看来，即使洋人思图在以后报复，但大清有天神保佑，也毫不足畏。他还和刚毅、赵舒翘欢欣鼓舞地把义和团请进了北京，让义和团大师兄入宫在太后面前表演"法术"。

实际上，慈禧太后本人对洋人的态度有一个长达二十年的缓慢变化过程。早在光绪四年（1878），当她召见即将赴英伦的中国公使曾纪泽的时候，双方有过一段廷对。当时，曾纪泽奏言："办洋务的难处，在外国人不讲理，中国人不明时势。中国臣民常恨洋人不消说了，但须徐图自强，乃能为济，断非毁一教堂，杀一洋人，便算报仇雪耻。现在中国人多不明此理。"这位当时四十五岁的太后回答是："可不是么？我们此仇何能一日忘记，但是要慢慢自强起来。你方才的话说得很明白，断非杀一人烧一屋就算报

---

① 《义和团》第二册，第483页。
② 《庚子国变记》，神州国光社1936年版，第6页。
③ 《庚子国变记》，神州国光社1936年版，第5页。

1900年6月,八国联军登陆天津大沽口。

了仇的。"①然而这些年来,中法、甲午两战的一败涂地,使她对洋务派的自强运动已不再抱什么希望。受洋人支持的"百日维新",被其粉碎之后,康、梁出逃日本,她要求日方引渡而不可得,欲废光绪又受洋人阻挠。她的权势与捍卫这种权势的欲望始终受到洋人的挑战。所有的旧仇新恨,使她渴望对所有洋人报复,一种在无可奈何中非理性的、孤注一掷的失常心理在她心中不断地滋长起来。所以,大师兄们在她面前的表演,也就使她对义和团"神术"充满信心。②

在周围簇拥的人们的反复怂恿下,六十七岁的慈禧太后在对待义和团的问题上再也不为"剿抚两难"而犹豫不决了。她坚定

---

① 《曾纪泽日记·光绪四年七月二十八日》,载《曾纪泽遗集》,岳麓书社1983年版,第334页。
② 《庚子国变记》,神州国光社1936年版,第41页。

地"改剿为抚"。据称,载漪为了促使太后向所有洋夷"宣战",又故意捏造西方列强要求太后退位的最后通牒,以此激怒太后。1900年6月20日凌晨五时,太后正式下诏向各国宣战。九时,德国公使克林德男爵前往总理衙门磋商离京事宜,途中被一位八旗兵开枪击毙。射击者称是奉端王载漪之命:"凡遇外人杀之,可以求偿。"下午四时,根据圣旨,中国军队向各国驻京使馆开火。

义和团拳民

庚子国变:千古未有的奇闻

公元1900年春夏之际,中国数千年历史上从来没有过的一件奇事出现了:最底层的、苦难深重的被统治者与最昏庸、卑劣、顽固的上层权贵,以及视维护道统为神圣使命的、忧国忧民的国粹派士大夫们,在崇信"神术"可以驱除洋人这一点上,竟然达到了一致性认识。一个史无前例的、古怪的"政治大联盟"出现了。

关于义和团运用"神术"歼灭洋人的军事捷报、奏折如雪片般向朝廷飞来,皇太后发出的圣旨又进一步煽动了民众崇信"神术"的社会心理。原先曾激发义和团勇士们奋然杀敌的那种类催眠状态意识,似乎也出现在相当一部分正统士大夫和官僚们的身上。让我们看看他们在这一期间令人叹为观止的言论吧。

御史徐道焜郑重奏称:"洪钧老祖已命五龙守大沽,夷船当尽没。"①另一位御史陈嘉也上奏,自称得"关壮缪帛书",该帛书预言"夷当自灭"②。一位叫萧荣爵的翰林编修上言:"夷狄无君父二千余年,天将假手义民尽灭之,机不可失。"③吏部尚书启秀上奏,坚决请求太后杀尽各国公使,他认为"使臣不除,必为后患",并报告朝廷五台山和尚普济有神兵十万,建议朝廷立即召见普济以"会歼逆夷"④。甚至连学识渊博的大学士徐桐,也献策请慈禧太后焚香跪请骊山老母下凡,以尽灭洋人。

当时,士大夫对义和团"神术"的崇奉是如此普遍,足以使现代中国人惊讶。据史料记载,"上书言神怪者以百数"⑤。从王公贵族的府邸到京城的各官署,都延请义和团为其设坛焚香,以求得义和团"神术"保佑。有些士大夫官僚即使不是出于崇信,而是为了个人身家安全或讨好端王载漪,也纷纷在自己家宅内设坛,朝夕焚香礼拜⑥,以致当时"朝贵崇奉者,十之七八"⑦。这一史料记载表明,上层权贵对于义和团"神术"决不仅仅是出于阴谋策略上的"利用",而是在相当大的程度上出于非理性层次上的、受潜意识支配的地道迷信。

---

① 《庚子国变记》,神州国光社1936年版,第7页。
② 《庚子国变记》,神州国光社1936年版,第7页。
③ 《庚子国变记》,神州国光社1936年版,第7页。
④ 《庚子国变记》,神州国光社1936年版,第9页。
⑤ 《庚子国变记》,神州国光社1936年版,第8页。
⑥ 《庚子国变记》,神州国光社1936年版,第8页。
⑦ 《庚子国变记》,神州国光社1936年版,第4页。

在1900年5月至8月的日子里,作为士林领袖的大学士徐桐,处于极度兴奋之中。当他得知义民们把学堂、译署、铁路、电线杆均视为"洋人所借以祸中国"的害人之物而加以焚毁破坏,凡家藏洋书、洋图者,戴洋眼镜者皆被当作"二毛子"、"汉奸"予以捕杀和严惩的时候[1],当他得知那些读洋书的学生及穿瘦小紧身衣服的人都吓得不敢在街上行走,而洋油、洋车、洋钟、洋眼镜等举凡牵涉洋字者,竟然在义民们的攻击下成为社会禁忌的时候[2],凡此种种"振奋人心的消息",使这位大学士深信:"中国自此强矣!"这位每天吟诵《太上感应篇》、恶新学如仇的理学家、倭仁大学士的高足弟子,顿时发现义民是圣人之道的忠勇捍卫者,因而他立刻就成了民众运动最积极的支持者。他向义和团大师兄赠送了如下对联,以明心迹:

创千古未有奇闻,非左非邪,攻异端而正人心,忠孝节廉,只此精诚未泯;

为斯世少留佳话,一惊一喜,仗神威以寒夷胆,农工商贾,于今怨愤能消。[3]

文化上的卫道虔诚,对西洋文化的憎恶,对义和团"奇迹"的神往,对洋人侵凌的仇恨,对民众反抗帝国主义精神的附会性理解,以及"于今怨愤能消"的心满意足之感——1900年中国近

---

[1]《庚子国变记》,神州国光社1936年版,第4页。
[2]《义和团》第二册,第10页。
[3]《庚子国变记》,神州国光社1936年版,第37页。

代正统士大夫典型的信念、思想、感情,几乎在这一对联中无一遗漏地表现了出来。

实际上,几乎士大夫中的大多数人,在当时都抱有与徐桐同样的关于"神术足以救国"的必胜信念。以下史料可以为证:

> (义和团)以扶清灭洋为名,朝野上下,多深信之,喜相告曰:扫平洋人,扶持中国,在此一举。而今而后,海内扫平,昇平有日矣!①

下层民众、国粹派士大夫、上层权贵,处于三个不同社会层次的三股潮流,奇妙而又悲剧性地混合为一体了。脑满肠肥、衣锦戴绣的达官贵人与衣衫褴褛、面黄肌瘦的"下等人",居然在以降神的咒语可以驱除洋人这一信念上达到了心理上的彼此相容性。这正是徐桐所说的"创千古未有奇闻"!然而,对于一个具有五千年发展史的文明古国,这又是一个多么可悲、多么可怕、多么痛心的奇闻!

民众从权贵们那里第一次获得了向洋人造反的合法权利。在朝和在野的正统派士大夫们,从义民们向洋鬼子冲杀的悲壮呐喊中,获得了对圣教"天理人心"生命力的铁证。皇宫里的权贵们则把义和团的"扶清灭洋"视为民众对自己政治统治业绩表示支持的令人鼓舞的民意测验,把义和团的"神术"视为上天对自己岌岌可危的政权予以保佑的征兆。每一方的行动都得到了另一方的积极支持和肯定反应。战场上的冲杀呼叫与密室中窃窃自喜的

---

① 《义和团》第二册,第5页。

喁语交织在了一起。洋兵们的来复枪和加农炮的轰鸣与义和团大师兄念念有词的"咒语"交织在了一起。被洋人大炮炸死的中国妇女身边，婴孩的啼哭声与英国妇女的号叫声（被清兵投入烈火）交织在了一起。大无畏的牺牲精神与贪婪的权势狂热也交织在了一起。不同阶级的希望、憧憬、愤怒、诅咒、欢乐与痛苦，在20世纪第一个年头的春夏之际，不可分地汇合在一股清浊混杂的社会思潮的巨流中。这股巨流是如此强而有力，已经没有任何人可以阻挡了！

然而，簇拥在慈禧太后身边的那些如痴如狂、满朝心醉的当权者中，有这么一个并不简单的角色。一方面，他由于善于见风使舵和阿谀奉承而深得太后信任；另一方面，在他那充满私欲的头脑中却恰恰保留着若干最起码的常识感和现实感。这个人就是维新派的死对头，北洋大臣荣禄。他明知义和团的"咒语"终究敌不过八国联军的真枪实弹，从而对朝廷向洋人宣战的未来后果心急如焚。他的圆滑使他不敢在御前会议上面折廷争；他不敢公开违抗太后命令——攻打使馆区的圣旨，但他的现实感又使他对使馆区作了一些虚张声势的攻击来拖延时间。正是这样一个处于权力中枢的人物，以他独有的现实感和处于权力中枢的观察角度，怀着惶惶不安的焦灼心情，给当时的两广总督李鸿章和两江总督刘坤一，各发出一封告急求援的密电。密电淋漓尽致地记载了当时北京城皇宫内外如痴如狂的戏剧性场面，以致成为十分值得引证的珍贵史料：

> 北地臣民皆以受外人欺凌，至于极处。今既出此义团，皆以天之所使为辞。臣区区力陈利害，皆不能挽回一二。

1900年的李鸿章。李鸿章于1900年初被任命为两广总督,朝廷委派李鸿章去广州上任,而李鸿章本人已经预见到了这场正在酝酿的风暴,希望尽可能远地离开其中心。

……诸王贝勒、群臣入对,皆众口一词。且两宫诸王邸左右,半系拳会中人,满汉各营亦皆大半,都中万人,来去如蝗,万难收拾,虽二宫圣明在上,亦万难扭众。……而是日,又为神机营兵将德国公使击毙,从此则事局又变。①

整个庚子国变的结果如何,早已是人们从近代史中熟知的事

---

①《荣禄集·电报》,原载《近代史资料》53号,第37页。

实。人们幻想中的胜利"奇迹",被八国联军的洋枪洋炮冷酷地粉碎了。成千上万的义和团勇士倒在血泊之中。是年8月14日,八国联军开始进入北京各使馆。第二天,慈禧太后从北京逃往西安。帝国主义者对中华民族的一场空前野蛮的大浩劫,便找到了前所未有的"充分理由"来从容进行了。

一个古老文化的近代悲剧

在结束本章以前,我们还有必要回顾一下南方各省士大夫官绅们在庚子国难中表现的一般社会心态。

人们或许会回忆起,在欧洲近代史上,当法国人在前线被德国人战败时,后方的法国人曾充满激情地绘制前线战场上法军溃败场面的图画,挂在法国城市街头,用这种方法去刺激民众的耻辱感,以激发同胞们奋起复仇雪耻的爱国热情。然而,在1900年庚子国难后的中国南方各省,人们看到的恰恰是正好相反的情况。

当八国联军早已长驱直入,北京已经沦陷一个月,京津、直隶广大地区的民众尸积如山、血流成河的时候,当北方一片片废墟令人惨不忍睹的时候,在南京、苏州、杭州这样一些名城大埠的街头巷尾,人们却在兴高采烈地盛传"义和团大胜,洋兵大败"的"喜讯"(在当时,这些都市离上海也不过一二日的路程)。一位宁波大绅竟大绘战胜示意图分赠亲友,以示庆贺。某一县城的训导官竟伪造朝廷宣布战胜的圣旨。在南方各城中,人们还在奔走相告:"洋人入京,遇地雷火炮轰死达数万人!""洋人战死者尸体堆了满满两船!""洋人逃命生还者仅数百人!""洋兵败退到天津,悬上白旗请求投降,端王载漪与协办大学士刚毅

1900年8月进入皇宫的八国联军官兵在乾清宫内。

还不允许!……"①

  正因为消息的闭塞,恰恰最真实地反映出一种奇特而又普遍的社会群体心理——"徒欲尊己而卑人,喜荣而恶辱",对胜利"喜讯"的渴望强于了解事实真相的渴望。这种几乎渗透于苦难深重的中国民众和士大夫官绅中的国民心理,在鸦片战争以后的半个多世纪中,不知从什么时候起便在中国人的心中滋长起来。在庚子国难时期,它有着登峰造极的表现,即使到了后来,它的生命力在国民深层意识中并没有完全消失。

---

  ①《砭俗》(《中外日报》1900年9月25日),载《义和团》第四册,第194页。

《辛丑条约》签字,中方代表是奕劻和李鸿章。

当一个古老而伟大的民族,处于迅猛变化了的国际交往时代,由于落后和作茧自缚而遭到种种欺凌和苦难的时候,当这个民族的社会精英们以幻想中的国粹主义胜利和"精神胜利法",来作为摆脱苦难的基本手段的时候,其结果,就必然导致这个古老民族的悲剧。

令人惊讶的是,早在中国庚子国难发生以前的四十二年(1858),马克思准确地预见了这一民族后来的命运:

> 一个人口几乎占人类三分之一的幅员广大的帝国,不顾时势,仍然安于现状,由于被强力排斥世界联系的体系之外而孤立无依,因此竭力以天朝尽善尽美的幻想来欺骗自己,这样一个帝国终于要在这样一场殊死的决斗中死去。在这场决斗中,陈腐世界的代表是激于道义的原则,而最现代的社

会的代表却是为了获得贱买贵卖的特权——这的确是一种悲剧,甚至诗人的幻想也永远不敢创造出这种离奇的悲剧题材。①

这种民族的悲剧,也正如本书阐述的主题,就其内部而言,也正是一个无力摆脱自身困境的古老文化的悲剧。

只要这种文化困境积淀下来的种种劣根性的国民心理还潜藏在人们的深层意识中,而没有被充分地揭露和予以净化,一个民族就不可能真正彻底地摆脱那些曾经纠缠过它的梦魇和幽灵。正因为如此,对于近代中国历史中造成民族悲剧的文化因素和文化背景的探索,对于导致古老文化的困境与其近代悲剧的历史过程的沉思,将会不断地吸引现代的和未来的历史研究者们,并且它也将吸引着所有关心自己民族命运的炎黄子孙们——尤其当这个古老民族历经了无数苦难之后,在走向未来的康庄大道,迈出决定性一步的时候。

---

① 马克思:《鸦片贸易史》,《马克思恩格斯选集》第二卷,第137页。

结束语

> 万古长存的山岭,并不胜于生命短促、转瞬即逝的玫瑰。
>
> ——[德]黑格尔

当一种古老的传统文化面临着西方近代文化挑战的时候,它可以有两种截然不同的选择。一种选择是,在吸收这种异质的、更先进的文化营养的同时,对传统文化的结构、规范、思维方法进行一系列自我更新和建设性的转化。这就意味着,以两种文化的有机融合来作为对于挑战的回答。另一种选择是,把西方文化作为历史上似曾相识的异端和旁门左道来加以排斥,以此来实现传统文化的自存与民族自卫的双重目标。

近代正统士大夫对西方挑战的反应,显然表明他们做出的是第二种选择。他们这样做的原因,从思想文化史的角度而言,是因为在正统士大夫看来,传统儒家文化体系,也即他们心目中的"圣学",乃是具有超时空的、绝对合理和完美的、自我和谐的有机体系。当人们认为古代圣贤已为后代确立了垂宪万世的大经大法,而无需自己与"化外"的异邦人来补充、变更和发展的时候,那么"圣学"这一完美的体系也就变成了一个不自觉的自我封闭的排他性结构。来自西方文化的信息冲击,只能被理所当然地视为完美体系之外的谬误和杂质——予以摈斥。同样，中西文化的差异和冲突，将被人们视为圣教与异教的冲突，天理与悖谬的冲突，正义与邪恶的冲突，完美与缺陷的冲突。"人之持异教愈坚，我之护圣教愈力"①，一种主观上捍卫真理的神圣使命感，在客观上就会不自觉地变成顽固迂腐的卫道感。在中国近代史上，正统派恰恰是保守派，而保守派又恰恰是正统派，其根本原因正在于此。

近代正统士大夫始终不自觉地处于用圣学投影的思维方法编织成的意识网络之中。正因为如此，当他们用这一认识工具来看待新兴的西方文化的时候，也就丧失了如实认知这一客体对象的可能性。千百年来，当一代复一代的士大夫运用这一意识网络来认识和适应周围的环境时，他们从来就是得心应手，不曾遇到过任何困难的。然而在19世纪中叶以后，传统的意识网络不但不再是人们用来认识和应付骤然变化了的外部环境挑战的工具，恰恰变成了阻碍人们认识这一现实挑战的障碍。正如本书已经分析过的，在西方文化的挑战和民族危机的双重压力下，中国士大夫阶层实现传统文化的自我调整、更新与转化的过程是如此步履维艰，以至于人们为吸收异域先进文化所迈出的任何微小一步，几乎都不是靠"圣教"本身给予他们在精神上的力量，而是靠一种在外部强烈刺激下唤起的生存者最本能的避害反应和危机心理。而且，这些通过千辛万苦从实际生活中获得的新鲜认识和真知灼见，又不得不在与道统信条的剧烈搏斗和冲突中作自我挣扎，以求得自己的生存地盘。

---

① 叶德辉：《明教》，《翼教丛编》卷四。

正因为如此,正统士大夫对"岛夷"们最初的态度是冷漠的、傲然的、鄙夷的,接着他们由于受"西方怪物"欺凌而产生了被压抑的屈辱感与挫折感。再后来,这些屈辱感和挫折感是如此强烈地刺激了他们的心灵,以至于他们不得不求助于幻觉中的"天神下凡"并导致国粹主义最后一战的惨败。保守顽固的士大夫们这一独特的戏剧性经历,在我们看来,无疑具有一种合乎逻辑的可理解性。

我们还应当提及一下,那些经历了庚子国难之后的国粹派的最后一批老卒们。在他们向隅而泣的怀旧感叹中,也许会留给我们一些最后的启示。1913年,一位在上海穷极潦倒名叫胡思敬的士大夫,在为清议派著名人士屠仁守的书稿作序时,曾这样写道:

> 自国变作(指庚子国变),……而夷服夷言,东南各省尽成犬羊窟宅,国家既废,鹿洞、鹅湖,先圣讲学之地,亦鞠为荒草。乱后相逢,执手欷歔,亦有难言之隐。海上流寓诸公,赁屋而居,妻孥相对,悲咤不能自存。回念同光诸老,弃官之后,坐拥皋比,牛酒束脩,馈问不绝。……更如海上神仙,可望不可即。此予读先生(屠仁守)之文,更增迟暮感,而栗然叹于骨肉之亲不可离,祖法不可轻变也。①

透过这如泣如诉的伤感和悲哀,我们可以感悟到:胡思敬的个人精神遭遇,恰恰是整个顽固保守的士大夫阶层近代历史命运的缩影。它还告诉我们:中国近代正统派士大夫的真正悲剧,恰

---

① 胡思敬:《屠光禄疏稿序》。

恰在于他们希望通过与外部世界相隔绝的方式,来保持对"祖法"与"圣教"的绝对完美性想像。他们又何尝不希望得到后代的赞誉和尊重?他们对国粹主义的坚持又何尝不包含着为子孙造福的良好心愿?然而,他们的信念与现实的冷酷冲突,恰恰构成了1840年以来整整三代正统士大夫在"圣教保卫战"中连续不断的失败纪录。

悠久而伟大的中国文明史,这最沉重的几页终于翻过去了。曾经在这个历史舞台上活动过的所有人,都早已长眠地下。正统士大夫们连同他们的愤怒、悲哀、激情、眼泪和呐喊,早已消失在永恒的冥冥黑暗之中。

对于已经作古的人们,后代是不应做过多的指斥的。如果我们诞生在那个时代,也许我们中也很少有人能避免那种迂腐、荒谬与不可思议的保守。一种曾经焕发出夺目异彩、古老而僵化的传统,毋庸置疑是比任何现实的个人更强有力的东西。它抚育着那个时代的人们,给他们以知识与智慧,同时,也将反过来力图支配人们的命运。

尽管如此,就正统士大夫作为近代社会中的一个社会阶层而言,有一点也许是后代子孙难以原谅的:从1840年到1900年的整整六十年,那并不是一个无法获得新知识的时代,明明有着许多获得新知识的机会,人们却没有加以利用,这些机会甚至被人们当作邪恶而坚决地加以摈弃。

于是,在我们结束本书的时候,作者想起了太平洋上的一个孤岛。那儿曾经生活着一个完全与世界隔绝的、堪称为文化上最落后的民族——塔思曼尼亚人。他们自古以来就居住在石头搭成的障壁旁,他们从来没有萌发过建造草房可以避寒的念头。他们不知道陶器为何物。他们的打制石器,也决不比三万年以前的尼安德特人更为高明。1877年,当最后一个塔思曼尼亚人死去时,这个文化停滞的民族也从此绝灭了。①导致这个不幸的民族绝亡的原因,是因为他们无法从不同文化的交流中吸取其他民族创造的智慧成果,以便适应大自然的严峻挑战——他们从来不曾指望海平线上会出现另一个文化,给他们带来新的文化信息。

如果说塔思曼尼亚人的文化停滞和最终灭亡,是因为他们面临着自身无法跨越的地理障碍,那么导致我们这个古老民族在近代的种种挫折、失误与由此造成的不幸,决不是地理屏障,而是由凝固了的传统观念筑成的屏障。这甚至是比浩瀚无际的大海更严峻的屏障。因为它曾有效地使无数精英人物把拒绝采撷其他文化中盛开的芬芳的人类智慧之花,视为自己神圣而光荣的事业,视为自己生命意义之所在。

正如一位哲人所说过的,一个灰色的回忆,决不能抗衡"现在"的生动和自由。②正因为如此,我们完全可以相信,当这些僵化了的传统观念——屏障,已成为历史的时候,在炎黄子孙的土地上,那美丽的凤凰——那东方的不死之鸟,将会展翅飞翔。我们将追随着她,环绕着她,噙着欢乐的泪,唱着欢乐的歌。

---

① 罗伯特·路威:《文明与野蛮》,三联书店1984年版,第12—14页。
② 〔德〕黑格尔:《历史哲学》,三联书店1956年版,第42页。

跋

当我来京即将改定全稿的最后一夜，一种迫切希望向读者倾诉内心真切感受的愿望涌上了心头。此时此刻，我正坐在恭王府内的一个小房间里。据此地的人们说，窗外不到三十米的地方，那座黑影幢幢的大殿，就是1860年10月24日恭亲王奕䜣与英国全权代表额尔金签订《北京条约》的地方。一种把书中出现的历史人物与眼前实址连在一起的深沉的、史诗般的历史感浸透了我的全身——我们固然没有诞生于那个令人窒息的时代，有幸避免了好几代人连续的屈辱和痛苦。但在这月光如水、风清露冷的秋夜，古藤发出的沙沙声却仿佛要求我们去承担一种沉重的历史责任，那无疑是一种使古人欣慰、使后人羡慕的历史责任。

作　者

记于 1985 年 9 月 21 日

附录一

追求思想者的坦荡之乐

也许有人会认为,热爱知识与学理,只是清寒的学人聊以自我安慰的借口,然而,我却实实在在地认为,它们相结合而给予一个人的坦荡之乐,是人生的至高境界,无论在过去,也无论在未来。

每一个时代都有这样一批知识分子,他们深切地感受到自己所处的社会面临的困境与问题,总觉得这些问题与困境需要他予以关注、思考与批判。不这样做,他就会觉得于心不安。他总是在自己所从事的学术研究与思考中,去寻求这些问题的症结与起源,并力求运用自己的心智,为发现与解决这些时代性的困惑而作出自己的思想探求与选择。正如 位思想家所说的那样,知识分子就是那些对社会的困境与问题充满无法摆脱的内疚感的人们。

在21世纪刚刚开始的时候,回顾自己多年思想发展的心路历程之愿望油然而生。20世纪后半期是一个浪漫主义的激情、乌托邦式的理想与现实主义的政治理性剧烈碰撞、冲突的时代,这是世俗的现实主义逐渐成为人们主流价值的选择,并由此带来新的困惑与问题的时代。正因为如此,作为一个生活在这样一个大转型时代的历史学者,我力求通过对中国近百年来的现代化历程的反思,以此作为研究现实变革问题的学理资源。

中学毕业以后我进了工厂，当时正值"文化大革命"时期，知识分子不能读书，而我作为一个工人，却有幸可以在基本不受干扰的情况下业余读书，从《通鉴纪事本末》到南斯拉夫工人自治的批判资料，从哲学到文学，从美术史到考古报告。记得那是1972年，高尔基那篇充满浪漫主义的处女作《马卡尔·楚德拉》是如此强烈地震撼过我，使我在工厂的宿舍里夜不能寐，以至于我终于下定决心，怀着多年积下的二百多元钱，带着一架从工厂同事处借来的八元钱的华山牌照相机，只身旅行了十二省，四十几个城市，行程二万里。在乾陵、青海湖畔、阳关故址，在柴达木草原、当金山口与峨眉山的金顶，都留下过我这个青年飘泊者的足迹。这段颇具浪漫色彩的生活经历，使我在那相当枯燥的岁月里，保持着一种对生活的新鲜激情，保持着一种对富于个性的、特立独行的人生态度的欣赏与执着。我永远不会忘记当年躺在伊克柴达木湖畔的草地上，望着高原上空白云的独特感受。这种经由旅行与读书而保持下来的浪漫激情，使我能感受到精神生活的价值，感受到世俗生命中还存在着另外一些人生选择与美好的事物，这是任何人都无法从你手中夺走的、永远属于你自己的、异常丰富的精神资源。

我能真切地体会到人性中诗情梦幻的浪漫主义所具有的美好一面，但我所从事的近代历史研究，却使我更相信冷峻的理性与现实主义，远比充满激情的浪漫主义对于一个民族的进步更为重要。

在工厂生活的十二年中，我大约记下了近百万字的读书札记。1978年，当这个社会开始真正感觉到需要自己新一代知识分子的时候，我幸运地考上了"文革"以后的南京大学历史系第一届研究生,成为知识分子中的一员。

我治学经历的第一阶段,是从1978年考入南京大学历史系,师从韩儒林先生攻读元史的研究生时期。在这三年中,以治学严谨著称于国内外史学界的韩师,使我有幸受到了相当严格的学术训练。然而,中国正在进行的社会变革与形形色色的社会思潮更吸引我。特别感激我的导师的是,当他发现我的学术气质与兴趣与他原来所期望的相距甚远之后,他主动地提出,我可以不必学他的研究路数(这是一种以历史比较语言学为基础的相当精深的研究路数),而去走自己的路,读自己想读的书。正是导师的这种爱护与宽容,使我在南大的三年中,能够有相当充裕的时间和自由去从事政治学、历史理论与国外新的研究方法的研究与探求,而这正是我后来形成自己研究特点的起点。

如果说,在南京大学三年攻读的生活,是我走向一个学者的基础训练阶段的话,那么,自从1982年初我毕业后到上海师范大学任教,直到1987年,这五年,则是我学术研究的第二阶段。作为一个独立任课的教师,我可以不再受元史这一专业的限制,而去关注一些与现实改革问题更为密切的近代思想文化史与近代变革史问题。

1986年,我的处女作《儒家文化的困境》一书出版。可以说,《儒家文化的困境》一书是一部可以被称之为"反思史学"之作,一部力求从中国人的主观方面寻求近代以来现代化过程何以失败的著作,其中充满了对传统的文化保守主义进行清算的文化愤怒感。而这种愤怒感,正是我在写作这本著作时的一种激情与动力。在这本书中,我力求剖析,在千百年传统封闭体制下,近代中国正统士大夫所形成的文化思维方式的扭曲,以及他们那种以心理自慰与曲解现实的方式来求得心理平衡的特殊机制。

这一特定的历史视角，或许只有我们这一代人才会独特地加以珍视与把握。因为，我们是刚刚走出封闭圈，迎来开放时代，并曾真切地体验过什么才叫封闭。我们是这样一代人，对"封闭"这一文化现象具有强烈的"问题意识"的一代人，这也是这部十几万字的小册子何以不胫而走，发行量高达十万册的原因。我永远不会忘记，我在那上海弄堂的小房间里写作这部书时所经历的激情，那是一种常常令人在梦中也会"惊坐而起"的激情。我永远不会忘记，当年我环绕这一题目在北京、天津、南京各大学讲演时，讲台下面那一双双充满历史责任感的眼睛。当我们的社会已经走向不可避免的世俗化历程时，让我们多少也能保持对那一个时期的美好回忆与珍惜。

可以说，一直到1988年以前，我在学术研究方面的基本关注点，始终是官学化的儒家名教以及由此形成的文化惰性，对中国近代以来的现代化阻抗力问题，内心充满着以宣传改革开放为己任的使命感，思想纯真、浪漫而又简单乐观，而这一切又恰恰是近代中国从封闭走向改革的最初时期，多数主张变革的知识分子的共同特点。

我真正走上自己的思想道路的起点，是在1987年以后。从那一年起，我开始潜心研究中国早期现代化的历史，而严复与法国社会学家杜尔凯姆是对我的思想发展有着最为直接影响的两个思想家。

自近代以来，那些以变革作为自己选择方向的人们，为什么并没有使中国现代化取得成功？中国自戊戌变法以来的变革过程为什么总是屡遭挫折？除了保守主义势力的阻力外，中国的改革者在多大程度上也应对此负有责任？中国自辛亥革命后建立的早期议会民主政治，为什么会失败？为什么在后发展国家的议会政治失败以后，均会出现这样一种以"现代化"为其标识的"强人政治"？袁世凯的权威主义又为什么会演变为北洋军阀的分裂时代？这些问题是正在从事新一轮现代化事业的人们所想知道的，而且也应该是从事当今新现代化事业的人们进行历史反思的真正基础。这种对中国近代以来现代化过程的历史研究，无疑会对当代中国人认识中国问题的复杂性、两难性提供其他任何学科研究所无法企及的丰富资源。

也许，对现实变革的反思，是支配我在学术研究中做出转向的、潜在的、不自觉的动因。我开始关注戊戌变法派别的群体心理问题。我发现，从一个封闭保守的文化环境中脱颖而出的最早改革者，似乎都有一种精英主义的孤独感、"愤世情结"与危机压力下产生的焦灼与亢奋心态，他们总是以一种"大变、速变、全变"的激进思维来决定变革的战略，而这种政治选择又与中国传统官僚集权制下的改革在逻辑上所要求的渐进性、平缓性存在着巨大的矛盾，这一点恰恰是戊戌变法失败的主观原因之一。事实上，这种特殊的变革心态又与20世纪80年代以来中国新的变革知识分子在心态上有着令人惊异的同构性。

从这以后，作为我学术历程的一个新阶段，我更注重运用上述早期现代化研究的学理资源，来对现实变革过程中的理论问题进行研究，包括从政治社会学的理论层面，来思考现代化变迁过程，何种政治形态最适合于完成现代化的平稳转型。

我所主张的变革观，正是在对近代政治激进主义的学理批判的基础上逐渐形成的。我主张在尊重传统秩序的历史连续性的基础上，通过渐变变革实现现代化。变革过程必须保持历史变迁的连续性，为此，必须在新旧制度、规范与秩序之间，寻找某种积极的中介与杠杆，并在这一意义上重新肯定传统价值体系、意识形态与权威政治形态在现代化过程中的意义与作用。新保守主义主张在这一基础上，渐进地推进中国的现代化。

我认为，一个关注民族命运的历史学者，较之其他学科的学者，具有一个特殊的有利条件，那就是，他可以同时拥有两把钥匙。他可以以活生生的现实中产生的"问题意识"，去解开近代历史之谜，开启历史之宫的大锁。另一方面，正是历史学者，可以运用从历史反思中获得的智慧，从错综复杂的现实矛盾的纽结中，去发现问题的实质。

事实上，我对中国当代改革过程中的"失范"、对变革者思维中的"制度决定论"倾向、对政治浪漫主义特殊心态的研究，对权威政治"双面刃"问题的研究，对现代化过程中的"软政权化"与"分利集团化"现象的研究，这些研究中既渗透着现实改革中的"问题意识"，又同样渊源于对中国近代以来的历史反思。所有这些，都可以作为我思想成果的研究，都与我说的在近代史与当代史的"双向思维"方法有关，而这种双向的思维反馈，既是保持历史学生命力的基础，也是人们认识现代化症结问题的触角来源。

在人生之路上，我觉得自己是一个可以称得上幸福的人，这决不是自己没有经历过生活的挫折和磨难，事实上，这种磨难困苦决不比别人更少。我觉得，我很少体会到空虚与寂寞，无论是十二年工厂生活的艰苦劳动，还是在我的观点颇受到世人乃至朋友误解的时候，我的精神始终是充实的，其原因也许在于，从早年时期起，我就能从书本中，从知识与学理的追求中，源源不断地获得到精神欢悦的源泉。我还清楚地记得,当年在当工人的时候,哪怕只有十五分钟的停电空隙,我都会跑步到附近的宿舍去读哪怕是几分钟时间的书。在许多人看来,也许这已经是一种近乎偏执的热情,然而,正是这种对知识的热情,使我最深切地体会到爱因斯坦所说过的那句至理名言:"热爱是最好的老师。"我所拥有的一切,大部分是这位老师的赐予。当一个人把这种热爱与对民族命运的关注与思考结合在一起的时候,他就有了双重的精神支撑点。

也许有一些自命为"后现代"的人会认为,使命感是一种过期的多余品。也许有人会认为,热爱知识与学理,只是清寒的学人聊以自慰的借口。然而,我却实实在在地认为,它们二者相结合而给予一个人的坦荡之乐,是人生的至高境界,无论在过去,也无论在未来。在我看来,对人生浪漫的、诗意的热爱,与对现实理性的肯定,可以在一个人的生命中寻找到结合点。而这种结合可以使一个生活在世纪之交的中国知识分子的人生,达到社会使命感与对真善美价值追求的和谐统一。

附录二

中国人如何焕发文化自信
——二百年来中国人的文化心态演变简析

《儒家文化的困境》出版已经三十多年了,这本小册子的初版印发量达十万册。在上世纪80年代,拙著在社会上产生的影响是笔者未曾预料的。笔者当年在一些大学就此书的内容作讲演,热烈气氛与大学生们的文化反思激情,都让人永远难忘。改革开放四十年,我们民族已经摆脱了近代的悲情与屈辱感,在与世界文明交流融合的过程中,我们迎来了二百年来最好的国运时期。

如果说,《儒家文化的困境》一书从文化的视角,考察了近代中国人在应对西方挑战过程中陷入的艰难困局,那么,本文则旨在分析了19世纪中期到21世纪初期,这二百年来中国人文化心态的简要演变过程。拙文,可以看作是《儒家文化的困境》一书的"接着说",也是笔者对近代以来中国人文化心态的新思考。

近代中国人的文化优越感如何影响中国的命运

众所周知,华夏文明是世界上是最古老的文明之一,我们的文明具有很强的原创力,然而它却是在缺乏与其他文明充分交流的漫长岁月中,在相对孤立的状态下,发育、生长并成熟起来的。

久而久之,我们的古人就自然而然形成了以华夏为中心的"天下"秩序与观念。

自秦汉以来二千多年的中国人,是没有欧洲人通行的国际观念的。中国文明的相对独立性、孤立性,天下观念与朝贡体制,就自然形成了上自中国皇帝、士绅精英,下至普通百姓根深蒂固的文化优越感,这种文化优越感,实际上是一种封闭性的"文化自信"。

1793年与1816年,英国两次派使团来华,请求扩大与清朝的通商事宜,乾隆皇帝与嘉庆皇帝,都因对方在觐见时,不肯行三跪九叩大礼,而仅愿意行脱帽鞠躬礼,就大为恼怒,要把这些"不知礼数"的"夷狄"的使者驱逐出去。这些通过非洲好望角,穿越大西洋、印度洋、太平洋,远道而来的英国使节们所提出的通商请求,被清政府严词拒绝。

不但中国皇帝如此,中国的士大夫与百姓也具有同样的文化心态,这种文化优越感是如此强烈,以至于鸦片战争经历了失败,但道光时代的中国人仍然没有改变这种心态。因为这种封闭状态下的文化优越感,使中国的皇帝和臣民,都对外部世界的知识极度缺乏,由此造成的文化误判与战略误判,又进一步导致灾难性的后果。

从"通州人质事件"看文明冲突

正是在这种历史条件下,传统中国的"天下秩序"与观念就成为近代中西文明冲突的一个焦点。这里可以列举第二次鸦片战争中发生的一件具有重要思想启示的史实。

1860年9月,英法联军代表在通州与咸丰的钦差大臣进行了八个小时的谈判,双方本来已经谈妥:英法联军18000人的部队将驻扎于通州附近,不再侵入北京城,只由联军代表进入北京,并在京城与清廷正式签订《天津条约》及其附款,此后则离京,经天津回国。①

然而,在通州谈判中,英法联军谈判代表巴夏礼根据额尔金来信的指示,提出由英法联军中的1000名身穿猩红色礼服的仪仗队(其中还包括背着硕大铜喇叭与军鼓的乐队),随同英法联军代表入城,参加签约仪式。

根据英法联军当事人后来出版的回忆录,法国人与英国人在这个问题的细节上还是有分歧的,法国人认为,派100名或150名仪仗队入城足矣,但英国人坚持要派1000人。在英国人看来,非如此,不足以给中国皇帝与皇城的老百姓留下令人震撼的深刻印象,最后还是由英国方面定了下来——联军总指挥是英国的前加拿大总督额尔金。咸丰于9月16日对此作出让步,勉强同意英法双方各派400人入城。但到了17日,英法联军谈判代表又提出新的要求,即要求按国际惯例,由联军总司令额尔金觐见咸丰皇帝,并向皇帝当面交换国书。

英法联军为什么提出这样的要求?他们是想以这一举动,以"威斯特伐里亚体系"的国际秩序,来挑战中国的"天下秩序"。他们还要向中国京城百姓展示,堂堂欧洲大邦,绝非中国人心目中的"蛮夷",以此来宣扬胜利者的国威。

通州的清方谈判代表怡亲王坚决反驳,理由是"按中国之礼

---

① 《额尔金书信与日记选》中译本,中西书局2011年版,第207页。

见皇上，自王大臣以下，无不跪"。巴夏礼反驳，"我非中国之臣，安得跪"①？在这个问题上，双方根本没有妥协的余地。

钦差大臣怡亲王立即把洋人在"不行三九大礼"的条件下觐见皇帝的要求，转呈给咸丰皇帝。"洋夷"居然不行三九大礼，这被咸丰皇帝视为是奇耻大辱。此前，他已经同意洋兵800人可入城，这时，额尔金却要当面见他，则立即被咸丰皇帝理解为这是洋人要重演当年项羽杀刘邦的"鸿门宴"故伎。他斥责谈判大臣，怒称"尔等怎么连洋人这种三十六计的诡计都还看不明白"？

这位29岁的盛年皇帝，在暴怒之下下旨，逮捕英法方面的谈判人员及其随从。②9月18日，英法谈判代表与卫士共39人成为清廷的人质。③

根据巴夏礼事后的陈述，僧格林沁在抓捕他以后，在审问时就问过，"为什么你昨天不同意解决关于觐见皇上的问题？"④这也足以说明，抓捕谈判人员是双方矛盾爆发的焦点，因为受"天下

---

① 《英夷和议纪略》，录自《近代史资料》，1956年第2期。
② 根据《筹办夷务始末》（第62卷，第1—5页）记载，咸丰已经于1860年9月14日谕令："巴夏礼、威妥玛等系谋主，即著将各夷及随从等羁留在通（州），他日战后抚，再行放回。"可见抓捕人质的命令是由咸丰下达的。但9月15日，皇帝决定再次让步，咸丰朱批"另有旨"：大意是，如果对方让步，同意减少人数，各派400人进城，也是可以允许对方派兵进城议和的。
③ 载垣等奏称，"英夷巴夏礼昨日到通（州），坚欲亲递国书，奴才等以该夷狂悖至此，抚局断无可议，当即知照僧格林沁将该夷截拿。"由此可见，载垣是根据四天以前皇帝的圣旨抓捕人质的。以上资料见于蒋廷黻编的《近代中国外交史料辑要》，湖南教育出版社2008年版，第271页。此史料表明，关键点是英法联军方面坚持要觐见皇帝，所以谈判破裂，怡亲王决定将谈判代表抓捕。其根据是咸丰9月14日的上谕。
④ 〔英〕麦吉：《我们如何进入北京》，中西书局2011年版，第153页。

秩序"观念支配的咸丰皇帝,根本无法接受英法代表按照外交礼节的觐见。

为了要回人质,暴怒的额尔金扬言:三天内,如果负责交涉的恭亲王不交还全部人质,就立即攻城,并威胁将把攻下的北京城用一把火烧掉。千钧一发之际,恭亲王派人把巴夏礼在狱中写的信送到了额尔金手中,巴夏礼在信中说,"恭亲王是明白人",要额尔金冷静。① 这才使额尔金没有立即攻城。

此后,咸丰终于同意放回人质。然而,不久之后,恭亲王从热河行宫的太监处得知,主战派已经成功地说服皇帝尽快处决人质。皇帝已经改变主意,决定下旨杀掉所有的人质。恭亲王决定在新圣旨到达北京以前提前放人。根据有关史料记述,就在正式圣旨到达前的一刻钟②,恭亲王把狱中所有还活着的人质,与盛放已死人质遗体的棺柩,全部移交给英法联军。这才避免了北京全城被焚的浩劫。

39个人质的命运如下:2人被清军斩首示众,18人死于狱中;清廷被迫交还了另外19个人质——大都在狱中受到残酷虐待,有的伤口上还生满了蛆。③

为了实行报复,英法联军决定在咸丰居住的皇宫与圆明园两者中,烧掉其中一个。用《额尔金书信与日记选》中的话来说,他的这个决定是"对中国皇帝个人进行的惩罚"。"这是清帝最喜爱的住所,将它毁去,这会刺痛他的感情。"他的动机就是让皇帝

---

① 〔英〕麦吉:《我们如何进入北京》,中西书局2011年版,第163页。
② 〔法〕布立赛:《1860:圆明园大劫难》,浙江古籍出版社2005年版,第252页。
③ 〔英〕麦吉:《我们如何进入北京》,中西书局2011年版,第148页。

因失去心爱的住所而感到痛苦。①

额尔金之所以没有选择烧皇宫,是他认为当时皇宫里还住着恭亲王,烧了皇宫,就找不到与中国进行谈判的代表了。正因为如此,我们今天的故宫才得以幸免于难。

英军最后选择了火烧圆明园。远在北京城,人们都可以看到从圆明园发出的如黑色斗篷般的巨大浓烟。

顺便一提的是,法国人对此表示反对②,法军也没有参加这一行动,从此以后,"火烧圆明园事件"也成为中国人百年悲情的历史符号。③

这确实是一场残暴的悲剧性的文明冲突,以强凌弱的英法联军侵入中国,并在中国火烧圆明园,这些侵略的暴行,是我们世代永远不会忘记的。

但我们也可以从这一文明冲突事件的恶性互动中看到,沉醉于"天下中心"梦幻中的大清皇帝,对于外部世界,对于国际观念,对于欧洲的"威斯特伐利亚体系",完全一无所知,他之所以下旨斩杀人质,也是因为,在大清皇帝的天下观念中,犯上作乱的夷狄,是可以当作不开化的土匪,予以任意处置的。正如此前道光皇帝下旨把"化外"的"夷狄"押到午门前来斩首一样。

咸丰皇帝想像中的"鸿门宴"——文化误判,与斩杀英法人质事件,是刺激1860年中英事态不断恶化的内部原因之一。这也

---

① 《额尔金书信与日记选》中译本,中西书局2011年版,第220页。
② 《格兰特私人日记选》中译本,中西书局2011年版,第93页。
③ 关于1860年人质事件的史料,可参阅《近代中国外交史料辑要》第270—273页,以及《圆明园丛书》内的《巴夏礼在中国》、《蒙托邦征战中国回忆录》、《黄皮书日记》等英法联军当事人的多种回忆录。

是人类历史上决策者固化的传统观念，如何影响其决策的典型例子。绝大部分中国人都知道"火烧圆明园"，却至今很少有人知道这件事情的具体原委。事实上，只有真实的历史才能提供真实的教训。

这里附带补充一下，英法联军方面提出这个千人入京的要求，也是在根本不了解中国文化的条件下，没有考虑处于长期封闭环境中的中国皇帝的心理承受力。英法各国在此事件以后的十几年里，直到同治皇帝大婚以前，都再也没有重提以"国际礼"觐见中国皇帝的要求。

事实上，逃到热河的咸丰皇帝，在英法联军撤出北京后，仍然迟迟不肯回北京，他对北京的恭亲王提出的解释是，他担心联军会从天津杀个"回马枪"——若洋人再杀回北京，并要求按欧洲礼觐见他，在他看来，这就是对他的羞辱。由于他迟迟不回，几个月以后死于热河，才让慈禧有机会在热河发动政变，成了统治中国长达47年（1861—1908）的女主人。统治者念念不忘的三九大礼，居然间接地改变了整个中国后来的命运。

士绅是如何曲解西方挑战的

特别要指出的是，在19世纪60年代，除了少数洋务派精英，极少有中国人醒悟过来，并清醒地认识到已经变化了的世界。只要看看1860年前后朝廷大臣们给皇帝的奏折，读读那些如梦呓般的话语，或荒唐无稽的应对"英法蛮夷"的方略献策，人们就可以知道，近代中国各阶层普遍根深蒂固的文化优越感，是如何影响了中国人在关键时刻的历史选择。

从鸦片战争到中法战争的四十年里,大清帝国在西方挑战中不断陷入屈辱与失败,先后签订了《南京条约》、《天津条约》、《北京条约》,并让俄国趁机夺取了160万平方公里的土地,直到中法战争失败,中国士大夫精英才普遍产生隐隐的群体焦虑感。当时中国人心中的问题是,中国是天朝上国,为什么洋人会不断侵凌中国并且总是得手,中国总是屈辱挫折,中国何以自处?

于是在社会上流行起一种我们可以称之为"泛教化论"的言说与思潮,士绅中盛行的这种"泛教化论"思潮,现在的中国人已经很少有人知道了,但当时连乾嘉学派大师、翰林院名流俞樾,也是鼓吹这一思潮的中坚人物。根据这种"泛教化论"的解释,洋人凭借坚船利炮来华,是因为上天"怜悯"这些不开化的洋人,所以让他们发明了舟车、器械、算学与天文,从而可以不远万里,来到中国,"天实启之,使之自通于中国"接受"尧舜之道","中国将出大圣人,将合大九州岛而君之"①。此后,洋人在礼乐教化的熏陶下,将成为天下中心的中华文明的归顺者。他们信心满满地预言,不出一百年,全球九万里,将会一道同风,天下一家,中国的圣教光泽,从此开始遍布全世界。"圣教拔于绝域,必自今日始矣。"②

这种封闭状态下的"文化自信"的奇葩论说,让当代人觉得如同梦呓般不可思议。我们无法理解,为什么当时中国社会上具有最高知识文化水平的、被称为"士林华选"的高智商人士,竟然会群起信奉这种背离常识的荒唐观念?好似阿Q的"精神胜利

---

① 俞樾:《清朝柔远记》序,中华书局2008年版。
② 李元度:《答友人论异教书》,《皇朝经世文续编》,光绪十四年(1888)版。

法"。

可以说,在群体性文化焦虑不足以取代中国人顽强的文化优越感的情况下,中国士绅中盛行起来的"泛教化论",是近代中国人通过心理防御机制,来挽救已经受到挫折的文化优越感的最后努力。

1900年,中国陷入了庚子国变,被极端保守派利用的义民们,他们坚信天神已经下凡,在北京街头,人们纷纷传说,玉皇大帝、关老爷已经从天降临,来助中国"扶清灭洋"了,19—20世纪之交的这些人们,经由群体心理上的曲解作用,通过心理幻觉来维护"天下秩序",这种心态变化正是沿着"泛教化论"的心理防御的逻辑衍生出来的。封闭状态下的极端自信,一变而为华夏大地上狂热的非理性排外运动,并引发八国联军入侵的民族灾难,失败后的清廷不得不同意分39年支付入侵者9.8亿两白银的战争赔款,以此来换取八国联军撤出中国。中国近代以来的屈辱感,从此达到了最顶端。

颠覆性的逆转:群体性的文化自卑成为国人的潜意识

在19世纪与20世纪之交,中国经历的这场巨大灾难,最终摧毁了近代中国正统士大夫阶层的文化优越感,非理性的保守排外主义也从此寿终正寝。

此后,清廷为了挽救自己的统治危机,不得不进行清末新政与筹备立宪,而中国人的文化心态也随之发生了颠覆性的逆转:此后相当一个时期内,近代中国人的极度的文化优越感,被一种群体性的文化自卑心理所取代。

1906年以后的北京,让来访的日本人德富苏峰大为吃惊,他在达官显贵的客厅里,受到时尚的西洋饼干的招待,坐的是西洋沙发,中国主人用西洋的握手礼,代替了传统的鞠躬礼向客人致意。① 中国的精英们对一切来自西方的新事物,引为时尚,且趋之若鹜。

1906年,慈禧太后垂问应召来京的湖广总督张之洞,"中国要不要实行西方式的立宪"?这位曾经倡导"中学为体,西学为用"而享誉全国的封疆大员,却不假思索地回答说,立宪越快越好,连去国外考察都是不必要的,考察也只是走马观花,西洋的好制度拿过来用就可以了。还考察什么?在他看来,"立宪事情,越速越妙,预备两字,实在误国"②。

一种在西方发展了数百年,成为西方民主生活的一部分,需要复杂的社会文化条件支持,才能在西方社会中起到功效的欧洲君主立宪体制,在张之洞眼中,居然连考察都是没有必要的。凡是西方的东西,都是拿来就可以用的,这种社会风气以至到了这样的地步。不过曾经从德国考察回国的吏部侍郎于式枚认为,考虑到中国的国情,搞西方的君主立宪制,至少要等二十年以后才可以有条件推行。③此论,立即在全国千夫所指,人人喊打;此人,当时在士林中也就臭名远扬。

此后几年,从日本归国的梁启超也感叹,自己对西学其实也

---

① 〔日〕德富苏峰:《中国漫游记/七十八日游记》,中华书局2008年版,第428页。
② 转引自孔祥吉:《张之洞与清末立宪别论》,《历史研究》1993年第1期。
③ 参见拙著:《危机中的变革:清末政治中的激进与保守》,广东人民出版社2011年版,第199页。

只是略知一些皮毛，然而回到国内，却被全国大众视为精通西学的头等大师，到处被奉为上宾，受到鲜花掌声的欢迎，听众对他说的话，听得如痴如醉。这让他内心颇为难堪。

19世纪与20世纪之交的中国，维持残存的文化优越感，被屡战屡败的现实最终冲击得粉碎之后，中国便陷入了最严重的文化自卑危机。

从文化优越到文化自虐

众所周知，在发端于1915年的新文化运动中，激进的全盘反传统主义思潮是这一运动的突出特点，传统文化被视为国粹，陈独秀宣称："固有之伦理，法律，学术，礼俗，无一非封建制度之遗。"①

这种激进的全盘反传统主义的强烈程度，在吴稚晖、钱玄同等人的著述中表现得更为典型，吴稚晖喊出"把线装书扔到茅坑里去"。钱玄同甚至极端到"废除汉字"，在他看来，"二千年来用汉字写的书籍，无论哪一部，打开一看，不到半页，必有发昏做梦的话"，"初学童子则终身受害不可救药"②。他还说，"欲使中国不亡，欲使中国民族为二十世纪文明之民族，必以废孔学灭道教为根本之解决，而废记载孔门学说与道教妖言之汉文，尤为根

---

① 陈独秀：《敬告青年》，《中国现代思想史资料简编》第1卷，浙江人民出版社1982年版，第5页。

② 钱玄同：《中国今后之文字问题》，《中国现代思想史资料简编》第1卷，浙江人民出版社1982年版，第417页。

本解决之根本解决。"①在他看来，为废孔学而废汉文之后，可用世界语取而代之。激进的青年们认为，自古以来，汉文的书籍，几乎每本每页每行，都带着臭味。

毫无疑问，这种全盘性的激进反传统主义，是人类文化史上前所未有的，体现了激进知识分子对本国文化的近乎自虐的严厉批判。

我们可以历数一下中国人的心态变化：从1793年马戛尔尼来华算起，中国人从极度的文化优越感，经由"泛教化论"心理防御，一变而为庚子国变时代极端保守主义的恶性膨胀；世纪之交，再一变而为群体性的文化自卑；又一变而为1915年后新一代青年人咒斥祖先创造的文明——这一过程似乎产生了一种强烈的心理快感。从极度的文化自信，到极度的文化自虐，中国人的文化心态可以说是钟摆效应，一波三折。

这就是近代二百年来中国人的精神心态历程。在人类历史上，一种从未中断过的古老文明，一个具有强烈文明优越意识的民族，在20世纪初期，却产生了人类历史上最剧烈的、最激进的、全盘性的自我否定浪潮。这确实是人类文化史上极为罕见的现象。

值得一提的是，这种极端反传统主义心态与思维方式，是如此顽强，以至于在20世纪60—70年代中国的大动荡时代，它又以特殊的变异方式，体现于群体性的、狂热的全面打倒传统文化的"破四旧"的非理性行动之中。

历史证明，这种激进反传统主义造成严重的后果，就是民族

---

① 钱玄同：《中国今后之文字问题》，《中国现代思想史资料简编》第1卷，浙江人民出版社1982年版，第420页。

自信心的缺失,以及它对于民族凝聚力的消解作用。人类历史上一个有史以来从未间断过的伟大文明,却在20世纪来临时,陷入了史无前例的自虐式的文化批判运动,可以说是一种"历史因果报应"。

在这里,让我们回顾一下各国的历史经验是有益的。在20世纪历史上,几乎所有的非西方国家,都曾不约而同地诉之于本民族的古老传统,来强化这个民族在现代化过程中的凝聚力与认同感。日本明治维新是如此,以"复兴传统的土耳其"为号召的土耳其是如此,以"印加帝国"作为民族精神源头的秘鲁也是如此。然而,中国的知识界主流,却选择了与传统文化决裂来唤起民众,来启动本国的现代化运动,可以说,这是人类精神史上非常奇特的吊诡景象。

严复是近代以来最深刻的思想家,他指出,当人们把旧价值完全抛弃,"方其汹汹,往往俱去","设其(传统)去之,则其民之特性亡,而所谓新者从以不固"[1]。严复思想的深刻性在于,当一个民族把自己的文化全盘否定以后,就如同把千百年来保护这个民族的生态防护林全盘砍去一样。失去生态林防护的人们,哪怕是引入外来的好种子,也会因水土流失,土质劣化,使外来文化因子"无枝可栖",无法有效地吸附于受体之上,而不能生根发芽,开花结果。用严复的话来说,那就是"其民之特性亡,而所谓新者从以不固",其精义如此。

正是在这个意义上,严复认为,一个民族的进步与富强,必

---

[1] 严复:《与〈外交报〉主人书》,《严复集》第3册,中华书局1986年版,第560页。

须是"新"与"旧"的结合,他说"非新无以为进,非旧无以为守","统新故以视其通,苞中外而计其全",只有这样的阔视远想,中国才能日臻富强。

在文明互鉴中焕发真正的文化自信

经历了百年的民族苦难与浩劫,到了1978年以后,中国人在痛定思痛之后,在中国共产党人的领导下,把握了全球化发展的历史机遇,把改革开放作为基本国策,在短短的40年间,对内改革,对外开放,从此,中国通过文明互鉴,充分利用了人类社会发展的优秀科技、经济与文化成果,与世界各国一起,共享全球分工与文化互动的巨大利益。

中国人从极端保守,到极端反传统,通过改革开放,终于重新找到了真正的文化自信。历史已经证明,中华文明所具有独特的价值与魅力、鲜活的生命力,这些优点必须在与其他文明相互学习与取长补短的过程中,才能充分发挥作用。

中国近代的历史表明,一个拒绝文化交流的民族,是无法有真正的文化自信的。一个民族的文化自信,必须在文明的互鉴中,在坚实的现代化基础上,才能真正实现。

暴风骤雨般的反传统大潮过后,中国本土的文化自信正在高调重建。这固然令人振奋,但其间也不乏值得警惕之处。

这是因为,人类文化的进步,尤其是价值理念与思维方式的进步,其实是相当缓慢的。一个民族在长期历史中形成的文化观念,往往具有强大的历史惯性。传统的"天下秩序"文化心理,长期以来,已经积淀为人们的无意识与潜意识,在国家重新强大起来以后，会重新被激活，从"假死"状态，一变而为真实状态，并在某些人群中恶性膨胀，形成文化上的"返祖现象"。

近年来，一种虚骄的民族主义思潮，也再次在社会上盛行起来。为什么国力强大起来以后，反而会出现虚骄的民族主义回潮与膨胀？

从社会心理的角度来解释，由于中国人百年来受列强欺侮，强烈的悲情一直憋着一股气，已经积压了一百多年了。于是有人认为，现在中国崛起了，中国可以在任何地方、任何时间表达我们百年来压抑的情感了。在相当一部分国民中，尤其是在青年人中，产生了把长期压抑的屈辱感，通过高亢激昂的方式予以宣泄的群体心理。

其实，这种情绪早在20多年以前，在中国经济刚进入起飞阶段时，就已经在中国民间出现，上世纪90年代中期，这种高调的民族主义思潮就已经登台亮相。他们鼓吹中国要在世界上"持剑经商"，他们提出，"我们要在世界上管理比现在大得多的资源，经济上进行管理，政治上进行指导，我们要领导这个世界"，"未来的资源分配：谁厉害谁说了算"。

这些高调派把"和平共处"，看作是"书生之谈"与"误国之论"。在他们看来，人类不是和谐相处的"命运共同体"，而是"有你无我"，"你死我活"。

某些书强调的是"你流氓，我也流氓"的马基雅维利主义，为达到自以为"崇高"的目标，可以采取不择手段的一切办法。有的宣扬虚骄的民族主义小册子，在短时期内发行了数百万册，受到相当一部分青年读者的热烈赞同。历史悲情所具有的情感性与激情性，像一把干柴，很容易在国人中被煽动起来。

作为一个曾经因自己历史而自豪的大国,后来受到历史上的屈辱,再后来又在短时期内强大起来,要特别警惕传统观念的消极影响。我们必须谦虚冷静地意识到,我们民族身上的消极性东西,对于我们的判断与选择会形成干扰。事实上,从人类文明的历史上看,社会上的非理性情绪,在任何时代,任何国家,都会对人们的历史选择产生巨大的影响。

"毋大而肆,毋富而骄,毋众而嚣":从传统中汲取智慧

值得一提的是,较之秦至清末大一统时代的"天下秩序"理念,大一统之前的"国际秩序"理念,却有助于防范与抑制虚骄的民族主义。

春秋战国时代是一个类似于各国平等竞争的"类国际秩序"的时代。那时的先人还不曾受到秦汉帝国大一统以后的"天下秩序"的支配,人们反而能够更清醒地意识到,诸国林立的环境中自己的客观处境。例如,中山国的王陵遗址中发现的,在钟鼎文中铭刻的 则国王给对太子的临终遗言,就具有高度的经验智慧:

"毋大而肆,毋富而骄,毋众而嚣。"

这种古典"中国理念",如果能被我们汲取,就能丰富我们与外部世界打交道的集体经验。让我们从古人的经验教训中汲取智慧,克服高调、激昂、亢奋、虚骄的民族主义,在文明互鉴中,走向成熟。

在我们民族陷于困境与危机中时,我们不能沉湎于悲情的民族主义,用感情代替理性。当我们民族走向强盛时,我们也不能受虚骄心态的支配。只有善于从历史中获得经验智慧的民族,才

会真正成熟。

一个真正具有文化自信的民族,在文化心态上,应该是雍容大度、坦然从容的。一个成熟的民族的真正自信,表现为理性内敛,因为我们有足够的力量来保护自己的利益,也有足够的气度与胸襟,来迎接全球化过程中的任何挑战。

如果我们不能从历史中获得教训,我们注定会重犯历史上的错误。尊重常识,尊重多元,理性中道,宽厚包容,秉持人同此心、心同此理,用善意对待邻居与世界,走出盲目自信的误区。在与世界各国人民共同缔造命运共同体的过程中,我们这个民族有着更为美好的未来。

后 记

20世纪80年代初期，我正在南京大学历史系读研究生，学的专业是元代历史。那时头脑中尽是"硕德八剌"、"爱育黎拔力八达"、"也孙帖木儿"之类的别扭古怪的蒙古皇帝名字，我绝没有想到自己的处女作是一本研究近代中西文化冲突的著作。尽管我从小酷爱历史，但却很少涉猎中国近代史。甚至可以说，长期以来，我对这一段苦难的历史记录，始终抱有一种潜意识的厌恶感。

记得那是在初中上近代史课的时候，老师讲到第二次鸦片战争中，洋鬼子火烧圆明园、屠杀中国老百姓的情景，我当时曾满怀愤恨地想：假如那时我们中国人有重机枪，多好！也许，正是不愿太多地经受那种情绪上的刺激，我很少去读中国近代史的书（尽管这类书籍很多）。这一方面知识的贫乏，对于一个历史系研究生来说，实在是很不相称的。现在想来，无论是初中时期那种用机关枪向洋鬼子扫射的幻想，还是潜意识中对中国近代史的厌恶，大概都可以算是一些不自觉的心理自卫手段。直到后来，我在写作《儒家文化的困境》一书时，接触到一些有关深层心理学的理论和方法，才发现这种愤无所泄的情绪体验和心理活动，与近代中国人的种种心理表现，居然还多少有些相似之处。

促使我踏入中国近代史研究领域的一个念头，是在讲授中国古代史课程的过程中产生的。那是1984年6月,当时,我正给大学生讲授清前期史那一段。在讲课时,我头脑中闪过这样一个问题:龚自珍在嘉庆二十年(1815)所揭示的清代士大夫在专制高压下的思想消沉和麻木,将在多大程度上影响中国应付近代西方挑战的反应能力?中国近代连续不断的挫折、失败和屈辱,在多大程度上与这种僵滞文化的反应迟钝有关?这显然是一个新的观察历史的角度。以往大量出版的中国近代史教科书和专著的基本主题,大体而言,是"侵略与反侵略"、"压迫与反压迫"这两条线索的交叉。几乎很少有人从中国传统文化本身应付外部刺激的能力上展开分析。而这一分析角度,对于正面临新外部冲击的20世纪80年代的中国人来说,显然会提供更丰富的启示。那种过于简化了的"侵略—反侵略"的分析构架,似乎很难涵盖近代中国的传统文化与西方工业文化冲突的复杂内容,也很难表达同一历史现象的多义性,这种分析范式甚至还使人们削足适履地把中国近代抱残守缺的保守主义当作爱国主义来赞颂(这种学术倾向实际上我们屡见不鲜)。实际上,也会无意中助长现实生活中闭关锁国的价值观。

一旦上述研究设想油然而生,就激起我跃跃欲试的探索愿望。我甚至放弃了已经开始动笔的元代政治史写作计划,进入了这个过去完全陌生的研究领域。从1984年暑假开始,我每天骑自行车去上海图书馆古籍部阅读近代史料。

不久,我偶尔查阅到一部对我以后写作《儒家文化的困境》有重要影响的史料,那是迄今为止很少为人们引用的《柔远新书》。该书是光绪初年由一批正统派士大夫编纂的,内容是申论如何应付西方列强侵略的问题。柔远者,怀柔安抚远夷之意也。书名本身已经透露出这些深受民族屈辱与挫折的士大夫们执着的自我中心的文化心理和信念。这些正统派人士对中国当时面临的外部危机所抱的荒谬见解,使我大为震惊。这批包括乾嘉大师俞樾在内的知识界精英人物,竟然断言,洋人在鸦片战争后入侵中国,是因为上天"可怜"这批不开化的"蛮夷",故让他们发明船舶机械,使他们得以远渡重洋,前来中国熏沐礼乐教化。这些"泛教化论"者还乐观地预言,不出百年,全球九万里,将是"一道同风、尽遵圣教"的世界,"天下一家,中国一人之盛,必在我朝无疑"——这就是他们对未来时局的基本估计。

在此以前,我决没有料到,这批被人尊崇为"士林华选"的儒家学者们,居然对深重的民族危机抱有如此颠倒的认识。这自然进一步引起我思考这样一个问题:产生这种荒诞见解的认识心理机制是什么?西方文化的冲击和殖民主义入侵的种种信息,在这批士大夫的大脑思维中,经由什么样的处理,竟会导致这样一种荒诞错乱的判断?

随着史料阅读范围的进一步扩大,我每天几乎总可以发现过去不曾意料到的新问题。例如,为什么连戈登这样的人物,也会认为,"中国人是一个奇怪的民族,他们对一切变革都很冷漠"。在他看来,在他所认识的中国人中,唯有李鸿章,才有一点改革的愿望。又比方说,同时代的日本,把自己最优秀的青年送到欧洲去学习,这些青年返回祖国以后,几乎都成了推行明治维新的先驱人物。而当时的中国政府,只是在英国公使再三建议、敦请之下,才勉强派出一个庸碌无能的退休知府,作为官方代表前往英伦考察。而正是这样一个人物,由于讨厌蒸汽机的轰鸣,竟半途中止了前往美国的旅行,返回中国。按康有为的说法,这个庸人几乎没有给当时的中国人带来任何有价值的消息。自鸦片战争到庚子国变的六十年里,中国并不缺乏了解外部世界的机会,为什么连已经得到的机会都被当时的士大夫官绅们莫名其妙地放弃?我还从《郭嵩焘日记》中得知这样一件事:当外国人对中国所派出的外交人员素质之低劣迷惑不解时,中国总理衙门的负责官员对此的回答竟是"老马识途",以至于外国人反唇相讥:"这些人根本不是识途老马,而是害群之马!"

我们出版了那么多近代史的著作和教材,这些论著对我们理解那个动荡的时代无疑具有重要的价值,但是,它们似乎很少涉及这方面的历史事实,而这类事实,对于面对新西方挑战的当代中国人,无疑又具有重要的史鉴意义。我越来越感觉到这一新观察角度的重要性。

随着阅读史料的增多,卡片记录不断增加,于是,在我脑海中展现出中西文化近代冲突的一幅幅画面。其中有尚处于浑浑噩噩的士大夫中的少数先觉者的孤独和不祥的预感;国粹派外交官冥顽的自信和乐观;清流党人的大言高论和涕泗交颐的焦灼心态;洋务派官僚似乎总是那样欲言又止,左顾右盼;当然,还有庚子国变中饱尝屈辱冤抑的民众对于天兵神将下凡的憧憬和幻觉……

从阅读史料过程中获得的种种信息以及由此引申出来的感觉、直觉和片断的论点,一开始自然是无系统的,彼此无关联的,如散点一样,分布在大脑记忆的库存中。渐渐地,这些"游兵散勇"经由一些边缘学科方法的组织处理,终于逐渐有机结合起来。例如,第二章的内容是分析正统士大夫的群体认识心理的,瑞士心理学家皮亚杰的发生认识论原理,日本比较思想史学者中村元有关思维方式(the way of thinking)的概念,以及语义分析的研究方法，对我认识与考察中国士大夫对西学的认识心理障碍，均提供了有益的启示。

在研究过程中，我碰到的最大难题，是一直无法成功地解释这样一个历史文化现象：即对于相当大多数的正统士大夫来说，由于他们受传统自我中心的文化心理定势的影响，对西方工业文明，固然一开始即抱着一种偏执傲慢的排外主义态度，然而，奇怪的是，为什么他们在冷峻现实中屡遭屈辱和碰壁之后，没有改弦更张，相反，挫折和屈辱感在正统士大夫中却不断激发出一种更为情绪化的、盲目的、非理性的排外心理？换言之，为什么一种由认识心理机制支配的理性层次的排外心理，在碰壁之后，反而畸变为一种非理性层次的排外心理定势？我发现，日本的开港国策，以及不失时机的仿效西方先进技术与制度，结果产生了一种不断趋向更为开放的社会心态的良性循环，而中国在应付西方挑战的历程中，正统士大夫们走的恰恰是与此相反的心理历程，即文化上的保守心态导致的应付西方挑战的失败，反过来又进一步刺激出一种更为情绪化的保守心理。如此恶性循环，直至达到庚子国变和义和团运动这样一种畸形的反抗形式。这又是为什么？

这个难题，几乎成了能否写出《儒家文化的困境》这本书的关键所在。它也是近代儒家文化的困境之所以成为困境的关键所在。在整整好几个月里，我尝试用各种假设来解释这一现象，但都没有获得成功。例如，我曾试图用逻辑推导的方法，往往经过复杂的、多环节的、复合三段论的推论，似乎回答了这个问题，可是第二天早上醒来时才发现，这种纯粹的逻辑推论只不过是一场徒劳的循环论证。我原先想论证的结论不知不觉变成了论证的出发点。我几乎绞尽脑汁，不得其解。

一个偶然的机会,我从书店里购来一本新出版的《心理学辞典》,由于我习惯于利用新鲜的边缘学科新概念术语来进行侧向思维,便信手阅读起来。在该词典中,"心理自卫机制"这一术语引起了我的兴趣,这一术语告诉我们,当人们在现实中产生的屈辱和挫折感无法经由正常的、合理的方式疏导、宣泄时,为了摆脱这种焦躁心理对人的精神身体的不良刺激,往往会不自觉地把导致心理挫折的客观现实,重新加以主观的、一厢情愿的"理解"和改变,以减轻精神上的苦痛,以此来维系心理上的平衡。这一心理学概念给予我巨大的启示,使我获得了理解正统士大夫在经受失败、屈辱刺激之后,由于缺乏合理疏导而向情绪化的排外主义转变的秘密。换言之,当人们越是在下意识中求助于心理防御机制作为摆脱精神折磨的手段时,人们思想中对客观现实不自觉的悖离和歪曲也就越为严重。这种通过不自觉地悖离客观现实,来寻求心理安慰和平衡的心理畸变,正是理解庚子国变和义和团运动中群体性变态心理的钥匙。读者们可以从《儒家文化的困境》一书的第五章里,读到我对这一历史文化现象的论证和分析。而这一论证环节的突破,也为第六章对庚子国变中的上层顽固派、中层的清议派士大夫与下层民众在心理防御这一点上的心理共容性的考察,提供了必要的前提。

这里,值得一提的是运用多种边缘学科方法对一个复杂的课题的不同侧面进行研究的必要性。要研究近代中国正统士大夫对西方挑战作出的反应,必然牵涉到文化心理、认识心理、社会心理的不同层次和不同侧面。原来我们所熟悉的一些研究方法、术语、手段,显然就不够用了,这就要求研究者不但要充分掌握有关的史料信息,而且还必须运用文化心理学、认识心理学和社会心理学的有关理论和方法，分别对不同层次的文化现象进行研究。例如，除了前面提到的皮亚杰的发生认识论方法对我的启发外，弗洛伊德关于歇斯底里病理机制的研究理论，对我研究庚子国变时期类似催眠状态的群体变态心理，提供了某些启示。又例如，大众传播学的"顽固的受传者"的理论，对我研究天津教案中有关洋教士"挖肝剖心"、"制长生药"的谣传迅速传播的原因，提供了研究的手段。

以上各种边缘学科方法都绝不是万能的，人们不应指望运用这些具体的研究方法应付所有的问题，但是，针对同一个历史文化现象的各个具体侧面，它们却可以发挥自己特殊的功效，在某种意义上，本书是借助于各种边缘学科的方法来理解复杂现象的一次初步尝试。

也许，人生再也没有比经过长时间的酝酿之后伏案疾书更令人快意的事了。这种写作体验固然并不常有，但一旦经历过，将使你终生难忘。我清楚地记得写作最后一章《国粹主义的最后一战——幻觉中的胜利与现实的悲剧》时的情景。那是1985年8月的一个夜晚。经过长期的思索和探求，头脑中有关庚子国变的各种论点和信息，尽管彼此缺乏有机联系，但却处于高度的活化状态。也许是我偶然触及到一条最佳思路，于是，我思如泉涌，各种论据、论点，史料信息，在这条思路的组织下，几乎是争先恐后地从大脑记忆库中向笔端涌去。一幅幅庚子国变的巨大历史画面，在我的脑海中展现开来。我仿佛听到1900年的义民们在战场上大无畏的冲杀声与权贵们在密室中窃窃自喜的喁语交织在一起；我仿佛听到洋兵们来复枪、加农炮的轰鸣，义和团大师兄念念有词的咒语，中国婴孩的啼哭声和被抛入火中的英国妇女的号叫声交织在一起。在那仲夏的日子里，不同阶级的希望、愤怒、诅咒、欢乐与苦痛不可分割地汇合在一股清浊混杂的社会思潮的巨流之中……由于创造的紧张和亢奋，由于害怕那些源源而来的、清晰的思绪可能因为来不及被记录下来而转瞬即逝，我握笔的手微微颤抖着，几乎暂时忘记了四周的一切。我记得那天从晚上八点一直伏案写到次日凌晨五点，几乎没有休息片刻，一万多字就这样写了出来。当我停笔时，才听到寂静的弄堂里传来赶早班的人们急促的脚步声和环卫工人使用铁铲时发出的响声……我不知道这种体验是不是人们所说的灵感。也许，它还不配称为灵感。但我相信，这是人生少有的充满欢乐激情的时刻。至少在我看来，人生的其他幸福很少能有和它相比的。也许，被压抑的愤怒感和困惑感，以及长期以来难以摆脱的苦思，经由这种对传统文化消极面的理性解剖，从而得到了解脱。

在20世纪80年代，把历史学选择为自己终生职业的人是幸运的，因为我们正处于这样一个大转折时代，新旧的交替和重叠，使人们头脑充满太多的困惑，人们要求从历史的反思中获得前进的智慧、经验和信念。而历史学者恰恰具有两把神奇的金钥匙，去满足时代的上述要求。一方面，他可以用自己的现实生活经验和智慧的钥匙，去开启历史迷宫的大锁。这一点，正如法国现代杰出的历史学家马尔克·布洛赫（Marc Bloch）曾经说过的那样："历史学家的匠心和才能，是对活着的事物的理解能力。"另一方面，又正是历史学家，运用从历史反思中获得的智慧的钥匙，去揭示现实矛盾的秘密。人们在变革时代面临的种种现实困难和症结，也只有通过追溯它们的历史渊源才能理解和认识。因此，我们说，一方面，人体解剖是猴体解剖的钥匙，另一方面，猴体解剖又是人体解剖的钥匙。我有时想：正是历史学者，而不是别人，不是文学家、艺术家，也不是哲学家，才能同时拥有这两把神奇的钥匙。正是他们，以这种双向的思维反馈，作为自己的基本研究手段，并以此来为社会造福。当然，我这里指的是在变革时代那些怀着社会使命感而去求索的历史学者。

对我们这个古老的民族来说，历史固然是过分沉重的负担，但它同时也是增长我们民族智慧的取之不尽的资源。历史给人以智慧，但必须经由历史学家那双敏锐的眼睛。我记得契诃夫讲过这样一段话："作家对于生活的感受，应当如同一只年轻的猎狗，始终那么好奇，那么嗅觉敏锐，那么容易激动，那么穷追不舍。"历史学者对于历史不也同样如此吗？难道不正是凭借着他那双在实际生活中经受考验的眼睛——那双曾经充满泪花，充满忧虑、辛酸，如今又充满信念和憧憬的眼睛——去审视历史的吗？不正是经由这双眼睛，透过黑洞洞的历史之窗，去发现对当代人具有示警意义的东西吗？固然，在历史学者的书桌上，堆满了发黄的旧书，他们的工作，有时也十分枯燥，但是，正是经由他们，浩如烟海的史料才不断向人们显示出崭新的意义。正是他们，与古人进行着无声的对话，向历史发出咨询。历史学家，是人类命运和自己民族命运的职业观察家，他比别人更了解自己民族的苦难以及我们民族为求得新生而付出的巨大牺牲，所以，他更珍惜今天，也更向往未来。他比别人更冷静、更清醒、更深沉。

也许因为我太热爱自己选择的职业了，也许因为我从研究和探索过程本身获得了无穷的欢悦，有时，就怀着几分天真在想：假如人是有灵魂的话，假如能思想的灵魂可以自由地选择自己出生的世界，我一定会再次选中这个时代，选中这片古老美丽的土地。当我追随着恭亲王、郭嵩焘、刘锡鸿、倭仁、徐桐、曾纪泽、唐才常这些近代士大夫的思想历程,作了一次历史巡礼而返回现实生活中来的时候,我才更深刻地认识到20世纪80年代对于中国未来前途的意义。在这一次历史性的转折关头,我们又一次面对着新的机会。

与前几代中国人相比,我们更为幸运。因为,我们的方向是明确的,道路是看得见的。我们的乐观信念还基于这样一个简单的事实,自近代以来,中国从来没有一个时代像今天这样:整整活着的三代人,在中国必须变革这一点上,达到如此一致的认识。让未来的子孙们怀着崇敬的、感激的心情,回忆我们三代人在20世纪80年代——这决定未来命运的时代——所做出的贡献和牺牲。让未来的历史学家以一种新的笔触和色彩来记叙我们的事业,而不是像我们今天描述一百年以前的古人那样。